纪念钱伟长诞辰110周年丛书
成旦红　刘昌胜　主编

钱伟长爱国主义教育思想

张丹华　陈海青　著

上海大学出版社
·上海·

图书在版编目(CIP)数据

钱伟长爱国主义教育思想/张丹华,陈海青著 . — 上海：上海大学出版社，2023.9
(纪念钱伟长诞辰110周年丛书)
ISBN 978-7-5671-4799-7

Ⅰ.①钱… Ⅱ.①张… ②陈… Ⅲ.①钱伟长 (1912-2010)—爱国主义教育—教育思想—研究 Ⅳ. ① D647

中国国家版本馆 CIP 数据核字（2023）第 165332 号

责任编辑　庄际虹
封面设计　柯国富
技术编辑　金　鑫　钱宇坤

钱伟长爱国主义教育思想
张丹华　陈海青　著
上海大学出版社出版发行
（上海市上大路99号　邮政编码200444）
（https://www.shupress.cn　发行热线 021-66135112）
出版人　戴骏豪

*

南京展望文化发展有限公司排版
江阴市机关印刷服务有限公司印刷　各地新华书店经销
开本 710 mm × 1000 mm　1/16　印张 14.5　字数 193千
2023年10月第1版　2023年10月第1次印刷
ISBN 978-7-5671-4799-7/D・253　定价　68.00元

版权所有　侵权必究
如发现本书有印装质量问题请与印刷厂质量科联系
联系电话: 0510-86688678

总　序

成旦红　刘昌胜

钱伟长先生是我国近代力学奠基人之一，著名的科学家、教育家、社会活动家，上海大学"永远的校长"。

1913年，钱伟长先生出生于江苏无锡一个诗书家庭。在国学大师、四叔钱穆的教导下，18岁的他以优异的中文和历史成绩考入清华大学中文系。入学后不久，九一八事变爆发，他决定舍文从理，学造飞机大炮以报效祖国。他先后在清华大学、加拿大多伦多大学、美国加利福尼亚理工学院喷射推进研究所进行学习和研究，攻克了多个世界性难题，成为蜚声中外的固体力学和流体力学大师。

钱伟长先生的成长受益于中外最优秀的思想文化。钱穆、吕叔湘、杨荫浏、叶企孙、顾颉刚、吴有训、马约翰、辛格、爱因斯坦、英费尔德、冯·卡门这些在20世纪熠熠生辉的名字都与他的成长联系在一起。在与世界顶尖人才的交往学习和中外精粹文化的共同熏陶下，钱伟长先生很早就形成了深刻而独特的思想。他的身上汇聚着传统的坚忍、仁爱与责任感以及现代化的开放、平等与创新特质，这些贯穿了他的科学研究、办学思想、社会活动等方方面面。

一生之中，钱伟长先生始终把个人的命运与国家、民族的命运联系在一起。他满怀深情地说："回顾我这一辈子，归根到底，我是一个爱国者。"

在国家的危难时刻，已经声名远扬的他放弃国外优越的生活条件，冲破阻力只身回国，承担起科学救国的重任；在社会快速发展的年代，他认为教育是国家和民族发展的基础，投身教育振兴，始终坚定地站在科学教育的前沿，在教育和教学实践中汲取中西文化之长，积极探索符合中国国情的教育理论，并尽其所能付诸实践。他的丰满人生、科学精神、爱国情怀永远被大家铭记！

大任于斯，伟业流长。钱伟长先生的一生，从义理到物理，从固体到流体，顺逆交替，委屈不曲，荣辱数变，老而弥坚。他的名言"我没有专业，国家需要就是我的专业"永远激励一批又一批后学晚辈以此为人生信条，为国家和民族的振兴而奋发有为。通过终身的学习奋斗和不辍的研究探索，钱伟长先生获得了丰富的科研及学术成就，形成了深刻而独特的教育思想和学术思想，留下了无数动人心弦的故事，这一切不仅是上海大学的宝贵财富，也是上海人民乃至全国人民的财富。我们研究钱伟长先生，要研究他所处的时代，研究他不平凡的经历，更要面向未来，以钱伟长先生之思想，为无数来者指明前行的方向。

在纪念钱伟长诞辰110周年之际，学校推出"纪念钱伟长诞辰110周年丛书"，包括《钱伟长治学理念与教育思想》《钱伟长与上海大学》《钱伟长学术思想、科学精神及其影响》《钱伟长家世、家庭、家教和家风》《钱伟长爱国主义教育思想》《和钱伟长一起成长》六种。通过对钱伟长先生的生平经历和思想理念进行细致全面的梳理和研究，我们才能深入了解钱伟长先生的深邃思想和传奇人生，我们才能真正理解他的理念和实践，继承和发扬他所开创的事业，在他的热爱国家、情系人民的崇高品德和刻苦钻研、勇于创新的科学精神感召下，以饱满的热情为实现中华民族伟大复兴贡献力量！

前　言

钱伟长(1913—2010)，我国当代著名科学家、教育家和杰出的社会活动家，近代力学的奠基人之一，上海大学原校长、上海市应用数学和力学研究所原所长。原中国人民政治协商会议第六、七、八、九届全国委员会副主席。先生一生著述甚丰，仅就人文科学的教育学领域来说，就不下百篇文章，充分体现了其诸多富有前瞻性和创见性的教育思想，是一位"在教育思想、理论和实践上有创见、有贡献、有影响的杰出人物"[①]。更难能可贵的是，先生深怀着一腔爱国热忱，痛感近代中国面临着外国军事文化暴风骤雨式的侵略危机，高风亮节，痛定思痛，一辈子为祖国的文化与教育事业呼吁奔走，为中华民族的复兴鞠躬尽瘁。他在教育方面的诸多观点，特别是其鲜明而又极其强烈的爱国主义教育思想，值得研究和借鉴。

2007年下半年开始，笔者有幸跟随上海大学高等教育研究所原所长曾文彪副研究员加入钱伟长教育思想研究小组，在时任上海大学党委副书记、常务副校长周哲玮教授的领导下，着手开展"钱伟长教育思想于上

---

① 顾明远：《教育大辞典（增订合编本）（上）》，上海教育出版社1998年版，第755页。

海大学发展启示"研究工作①。笔者承接了钱伟长教育思想的爱国主义思想研究课题,开始系统接触到钱伟长先生的生平和他的教育理念。在课题研究期间,首先被钱先生受尽磨难却对祖国挚爱不改且乐观向上的高尚精神所折服,接着对其独特的教育改革与实践萌发了兴趣。之后研读了钱先生的著作和他人的研究文献,并结合工作与学习中的亲身体验和感受,更是对钱先生的爱国主义教育思想有了深层次的了解,这为笔者进一步理解与把握钱伟长爱国主义教育思想奠定了基础。

本书力图在前人研究的基础上,秉承实事求是和"论世知人,知人论世"原则,通过对钱伟长以立场坚定、旗帜鲜明的爱国理念为核心的爱国主义教育思想进行系统梳理解读,分析相关要素,深入全面地探究完整结构及结构各要素之间的内在联系,努力发掘深刻内涵及时代价值,以充分展现其完整生动的爱国主义教育思想全貌,并探讨其对当前思想政治教育具有的借鉴意义。

全书主要篇章结构体系如下:第一章对爱国主义理念进行多学科不同角度解读,同时从理论角度讨论隐性德育对于青少年成才的特征与功能,力求初步探寻钱伟长爱国主义教育思想的理论基础。第二章阐述钱伟长爱国主义教育思想的形成因素。个体思想的产生与时代的风云际会和本人的生活环境关系密切。本章分别从历史传统、地域文化和时代社会发展等大背景寻找社会性影响因素,并探讨个人理论积淀对教育思想形成的影响。第三章阐述钱伟长爱国主义教育思想的发展历程。个体思想的形成在很大程度上取决于其所受的教育、家庭和社会环境的熏陶、良师益友的指点。本章以阶段性的发展过程为主线,以时间为副线,梳理钱伟长爱国主义教育思想形成的脉络。第四章阐述钱伟长爱国主义教育思

---

① 参见曾文彪:《钱伟长与上海大学》,上海大学出版社2010年版,自序。2007年10月,"钱伟长教育思想与上海大学的发展及启示研究"相继获批为2007年度上海市教育科学重点项目和全国教育科学"十一五"规划教育部规划课题,由周哲玮教授亲任课题组组长。根据课题需要,研究小组列出了14个研究专题并分配至14位研究人员各自负责。上海大学同时为此系列研究课题进行相关配套建设。

想的内容和特点。分别从价值取向、奋斗精神、人格气节、忧患意识和育人理念等五方面叙述钱伟长爱国主义教育思想的具体内容，并归纳出时代性、民族性、政治性、实践性以及前瞻性等五大鲜明特点。第五章阐述钱伟长爱国主义教育思想的实践成就。从钱伟长自身学习生活、教学管理领域和国家社会建设等三方面介绍钱伟长爱国主义教育思想与实践相结合后所产生的成就，从而进一步加深对第二、三章内容的认识。第六章阐述笔者对钱伟长爱国主义教育思想的一些思考。主要从教育机制、教育路径和教育内容等三方面概述笔者的一点浅见。

本研究的创新之处在于创新研究思路，统领在一个主题下，对钱伟长教育思想的核心部分——爱国主义教育思想进行整体研究。通过研究钱伟长爱国主义教育思想，把握本质，提炼内核，从而为更好地发挥当前思想政治教育的育人作用提供有价值的参考。

目 录

导论 / 1
  第一节 研究缘起与价值 / 4
  第二节 研究综述 / 7
  第三节 研究视野与内容 / 19

第一章 爱国主义与隐性德育 / 23
  第一节 爱国主义概述 / 25
  第二节 隐性德育浅析 / 40
  第三节 根植爱国主义教育于隐性德育 / 49

第二章 钱伟长爱国主义教育思想成因溯源 / 59
  第一节 中华传统文化奠定思想基础 / 61
  第二节 时代社会发展形成直接动因 / 68
  第三节 个人理论积淀决定思想层次高度 / 71

第三章 钱伟长爱国主义教育思想发展历程 / 77
  第一节 启蒙于幼年家教 / 79
  第二节 形成于求学之路 / 87

第三节　锤炼于留学加美 / 116
第四节　升华于磨难劫后 / 119

第四章　钱伟长爱国主义教育思想内涵特点 / 125
第一节　博大精深的内涵 / 127
第二节　旗帜鲜明的个性特点 / 136

第五章　钱伟长爱国主义教育思想实践成果 / 145
第一节　融汇于自身学习生活 / 147
第二节　凝练于教学管理领域 / 153
第三节　体现于国家社会建设 / 162

第六章　钱伟长爱国主义教育思想现实思考 / 167
第一节　创新爱国主义思想教育机制 / 169
第二节　拓宽爱国主义思想教育路径 / 175
第三节　丰富爱国主义思想教育内容 / 185

结语 / 191

附录 / 199
一、"追寻钱校长求学路　做自强不息上大人"寻访团考察纪实系列 / 201
二、悼念钱校长系列 / 213

后记 / 220

导　论

实施公民道德建设工程,弘扬中华传统美德,加强家庭家教家风建设,加强和改进未成年人思想道德建设,推动明大德、守公德、严私德,提高人民道德水准和文明素养。①

——习近平

钱伟长是著作等身的学者,也是知名的教育家和杰出的社会活动家。在钱伟长先生逝世十周年之际,由中国科学院紫金山天文台发现的一颗小行星(国际永久编号为283279)被正式命名为"钱伟长星",以缅怀钱伟长的生平业绩和卓越贡献。钱伟长的道德品格、爱国主义思想,达至"高山仰止"的境界,正如著名科学家爱因斯坦所称道的"杰出科学家对人类的贡献,在道德方面也许要比他们在科学上作用还要大"。

---

① 习近平:《高举中国特色社会主义伟大旗帜 为全面建设社会主义现代化国家而团结奋斗——在中国共产党第二十次全国代表大会上的报告》,人民出版社2022年版,第38页。

第一节　研究缘起与价值

一、研究缘起

钱伟长具有同时代先进知识分子的共同特征,一方面深受中国国学熏陶,对中国传统文化知之甚详,具备深厚的国学功底;另一方面学贯中西,在中国近代科学史上有着不容忽视的地位与作用。他一生著述甚丰,广泛涉及人文科学和自然科学诸多领域,仅就人文学科的教育学领域来说,就不下百篇文章,充分体现了其诸多富有前瞻性和创见性的教育思想。更难能可贵的是,他高风亮节,深怀着一腔爱国热忱,痛感近代中国面临着外国军事文化暴风骤雨式的侵略危机,痛定思痛,一辈子为祖国的文化与教育事业呼吁奔走,为中华民族的复兴鞠躬尽瘁。

陶行知说过,教育家"必定要在下列两种要素当中得了一种",要"敢探未发明的新理,即是创造精神;敢入未开化的边疆,即是开辟精神。创造时,目光要深;开辟时,目光要远……在教育界,有胆量创造的人,即是创造的教育家;有胆量开辟的人,即是开辟的教育家",这样"方才可以算为第一流的人物"[1]。钱伟长,正是这样一位"不唯书,不唯上,尊重科学,热衷创新"[2],富有开拓精神,一生鞠躬尽瘁作"红烛",为国家竭尽全能培育人才的"在教育思想、理论和实践上有创见、有贡献、有影响的杰出人物"[3]。此外,作为上海大学的掌门人,钱伟长用不到20年的时间就把一所弱小的原上海工业大学发展成为一所享誉中外的著名地方大学,并跻身

---

[1] 华中师范学院教育科学研究所:《陶行知全集(第一卷)》,湖南教育出版社1984年版,第113—114页。陶行知曾于1919年对教育家进行过分类。他认为,常见的教育家分为三种:一种是政客的教育家,他只会运动,把持,说官话;一种是书生的教育家,他只会读书,教书,做文章;一种是经验的教育家,他只会盲行,盲动,闷起头来,办……办……办。第一种不必说了,第二第三两种也都不是最高尚者,而"今日的教育家,必定要在下列两种要素当中得了一种,方才可以算为第一流的人物"。或者是敢探未发明的新理,或者是敢入未开化的边疆。

[2] 曾文彪:《实践钱伟长教育思想,高扬自强不息的上大精神》,上海大学学报(社会科学版),2008年第2期。

[3] 顾明远:《教育大辞典(增订合编本)(上)》,上海教育出版社1998年版,第755页。

全国"211"重点大学行列。这固然与全校教职工的努力和相对稳定的资金保障有关,追根溯源,起决定性作用的还是他的教育思想。

然而,无论是在理论研究中,还是在具体实践中,钱伟长的教育思想并没有受到足够的重视。就笔者搜集到的资料来看,有关其教育思想的资料都相对较少且较为零散。笔者认为,目前研究钱伟长教育思想的文献相对较少的主要原因在于他的教育思想只是在近些年才逐渐受到更多的关注。再者,钱伟长没有系统的教育论著,能够体现其教育思想的主要是他的《教育和教学问题的思考》(2000年)一书,但此书也只是把他在各种场合关于教育所做的讲演汇集而成的一部论文集。钱伟长出生于教育世家,本人又是一位毕生接受教育和从事教育的著名学者,还担任过教育行政职务。他在教育方面的诸多观点,特别是其鲜明而又极其强烈的爱国主义教育思想,毫无疑问值得研究和借鉴。

本书重点研究以下问题:钱伟长爱国主义教育思想的产生因素是什么?如何形成?其内涵与特点具有什么样的鲜明特征?实践成果如何体现?对当前的思想政治教育工作有何启示意义?

二、研究价值

本书研究的主要目的是试图通过对钱伟长以爱国主义为核心的教育思想进行解读,分析相关要素,努力发掘其深刻内涵及时代价值,并探讨其对当前思想政治教育具有的借鉴意义。同时,在新的世纪里,我们可以再一次瞻仰这位教育前辈睿智、深刻而又独到的教育见解和作为一位教育家所具有的强烈的社会责任感。为此,笔者想用自己的一点浅见为钱伟长教育思想研究课题添砖加瓦,也可算是尽绵薄之力,借此一表对钱伟长高尚风范的敬仰之情,并希望能为相关研究提供一定的理论依据和创新思路。

深入研究钱伟长爱国主义教育思想具有重大的理论意义。

其一,通过对人物思想的研究进一步丰富教育学理论。教育学理论的研究往往离不开对人的思想的研究,它是集教育家之思想菁华的天地。"人"永远是教育活动的主体。回顾中西方教育历史的长河,任何一个时期的教育改革都是受到某个思想的冲击和某位教育家的启发。正如社会学家玛格丽特·阿切尔(Margaret Archer)[①]所指出的,"一旦一种既定形态的教育得以存在,它就会对未来教育的变革产生影响"。

其二,大学是先进文化的窗口,在建设中国特色社会主义中正越来越突显它的核心价值。"办好高等教育,事关国家发展、事关民族未来。我国高等教育要紧紧围绕实现'两个一百年'奋斗目标、实现中华民族伟大复兴的中国梦,源源不断培养大批德才兼备的优秀人才"[②]。大学所具有的独特功能决定了大学不仅是科学知识的传播地,更是先进思想的高地和源泉,应当起到创新源、辐射源、推动源的作用。而目前在我国,功利主义思想甚嚣尘上,工具主义教育观点大有市场,思想政治教育工作面临着重大挑战。如何为当前的思想政治教育,特别是高校思想政治教育提供坚实有力的基础,使其在一个和谐的社会环境中稳步发展,成为当前学界研究的重点问题之一。研究钱伟长的爱国主义教育思想无疑对此具有一定的理论借鉴价值。

深入研究钱伟长爱国主义教育思想还具有重大的实践意义。

其一,研究的现实意义不仅在于钱伟长丰富的教育思想与有效的具体实践,还在于他研究教育的方法与热情。钱伟长身为地位显赫的国家官员与知名学者,却能以社会改革家的身份躬身教育实践,以科学的、实证的方法与务实的精神研究教育问题,其强烈的爱国主义责任感及研究教育的方法论特色,给予我们以重要启示。"当前在我国教育实践中,一方面教育理论远远落后于我国丰富的教育实践……另一方面,教育实践也

---

① [英]玛格丽特·阿切尔(Margaret Archer),当今国际社会学界最为重要的理论家之一,代表作有 Culture and Agency: The Place of Culture in Social Theory. 其文化理论逻辑缜密,独树一帜,在国际社会学界受到广泛重视,已成为国外大学社会学理论课程必修内容。阿切尔因此声誉日隆,在第十二届世界社会学大会上当选为国际社会学会有史以来第一位女性主席。

② 《习近平致清华大学105周年贺信》,新华网(2016-04-22),http://www.xinhuanet.com/politics/2016—04/22/c_1118711427.htm.

有脱离教育理论的现象"①。通过对钱伟长爱国主义教育思想的研究,既能感受其奉献精神,又可借鉴其实证方法,提高教育理论的实践价值和实践的理论水平,充分发挥各自的功能。

其二,大学最主要任务是进一步培养学生具有正确的世界观、人生观、价值观,具有创造精神和实践能力。要想使大学生成为具有综合素质的全面发展的人才,则首先要培育他们,"一个全面的人,是一个爱国者,一个辩证唯物主义者,一个有文化艺术修养、道德品质高尚、心灵美好的人",然后,他们"才是一个拥有学科、专业知识的人,一个未来的工程师、专门家"②。在这个过程当中,如何进行思想政治教育特别是爱国主义教育至关重要。因此,亟须通过研究钱伟长爱国主义教育思想,把握其本质,提炼其内核,借鉴其方法,从而为更好地发挥思想政治教育的育人作用提供有价值的参考。

第二节　研究综述

一、相关成果综述

关于钱伟长的研究文章,在20世纪80年代后期以后陆续见诸报端、刊物。自常青、王宗仁的《照澜院里钱伟长》③始,国内开启了研究钱伟长的历程。从总体上看,目前对钱伟长,特别是钱伟长教育思想的研究仍处在初级阶段。从笔者所搜集到的资料来看,目前国内学术界研究钱伟长教育思想的论文只有寥寥十数篇,系统进行钱伟长爱国主义教育思想研究的专著至今未见;在期刊文章方面,除笔者分别于2009年与2010年发表的以钱伟长爱国主义教育思想为主旨的两篇文章外,该课题的研究主题基本上散

---

① 顾明远:《教育工作者要学点教育理论》,载《深圳教育学院学报》1999年第6期。
② 钱伟长:《教育和教学问题的思考》,上海大学出版社2000年版,首页。
③ 常青,王宗仁:《照澜院里钱伟长》,载《文汇月刊》1983年版第2期。

见于各篇论文中。学术界与该研究相关的研究主要集中在以下几个方面：

（一）钱伟长教育思想理论研究

戴世强是研究钱伟长学术思想的主要代表人物之一。他主要从钱伟长的学术成就、治学理念、人文精神等方面进行研究①，认为钱伟长在学术思想方面，可以概括成"爱国敬业、自强不息、锐意创新、求真务实、广闻博览、群策群力"②二十四字。

刘高联院士对钱伟长的力学学术成就方面做了专业性的阐述，认为钱伟长是我国近代力学和国际奇异摄动理论的奠基人③。

黄黔系统整理了钱伟长的生平大事记，并着重阐述钱伟长爱国主义思想的表现④。

周哲玮从钱伟长的生平入手，深入阐释对钱伟长的学术成就和教育思想的理解⑤。

冯秀芳研究了钱伟长教育思想的产生渊源，认为其教育思想的形成是中西方先进文化交融的结果⑥。

施强认为，钱伟长的科教理念始终处于时代前列，是科教兴国的爱国者和先锋。其文章认为，钱伟长"蕴含着炽热爱国主义情怀的理性精神"，

---

① 戴世强，上海市应用数学和力学研究所教授，博士生导师。与钱伟长共事近30年。所撰相关文章包括：《一本不可多得的应用数学专著——评介钱伟长院士的专著〈格林函数和变分法在电磁场和电磁波计算中的应用〉》，载《应用数学和力学》2001年第7期；《钱伟长学术思想浅论》，载《江南大学学报（人文社会科学版）》2003年第2期；《论钱伟长的治学理念和学术风格》，载《力学进展》2003年第1期；《钱伟长科学研究的成果和方法》，载武际可、隋允康主编《力学史与方法论论文集》，中国林业出版社2003年版，第14—37页；《浅论钱伟长学术思想中的人文精神》，载上海大学学报（社会科学版）2006年第1期。
② 戴世强：《钱伟长学术思想浅论》，载《江南大学学报（人文社会科学版）》2003年第2期。
③ 刘高联：《钱伟长——我国近代力学和国际奇异摄动理论的奠基人》，载《中国科学院院刊》2006年第2期。刘高联，中国科学院院士，上海大学应用数学和力学研究所教授。
④ 黄黔：《钱伟长》，载卢嘉锡主编：《中国现代科学家传记：第四集》，科学出版社1993年版，第108页。
⑤ 周哲玮：《教育家钱伟长》，载《力学进展》2003年第1期。
⑥ 冯秀芳：《钱伟长教育思想溯源》，载《上海大学学报（社会科学版）》2008年第2期。

不仅深刻掌握"科教兴国的科学内涵",并且"精忠报国,献身科教兴国大业",同时深谙如何"外圆内方,外柔内刚,打柔中蕴刚的太极拳",对促进"包括科教兴国在内的我国现代化大业"深有启示。①

陶倩、龙洁站在大学教育的角度撰文认为,钱伟长大学教育思想是科学主义教育思潮和人文主义教育思潮走向融合的缩影②。

徐琴认为,钱伟长通过丰富的高教实践和理论思考提出的一系列重要高等教育思想是"以对科技性质和高教规律的深入理解为基础,并归结为对国家前途和命运的深切关注"。钱伟长所积极倡导的"综合化"教育的基本理念,不仅突出地强调了高等教育必须"以人为本",必须尊重和参与当今的社会实践,而且要求有力地促进学科交叉和文理综合,并使人文关怀和社会责任感成为高等教育的根本任务之一。这些思想对于我国高等教育存在的问题和流弊具有矫枉的作用,对于未来发展则具有"建设性的导向作用"。③

王淇认为,钱伟长德育思想是钱伟长教育思想的重要组成部分。有必要梳理钱伟长的德育原则、德育内容、德育方法,合理地借鉴并运用到思想政治教育工作中,以此指导思想政治教育工作,提升思想政治教育工作育人效果。④

李士金从创新教育方面诠释了钱伟长的素质教育观⑤。

平越等从体育思想方面对钱伟长的教育思想进行阐述,认为其体育思想有"鲜明的爱国主义色彩和先进性、科学性与教育性"⑥。

2004年上海大学出版社出版的《钱伟长文选》收录钱伟长著作175

---

① 施强:《钱伟长——科教兴国的先锋》,载《江南论坛》2003年第11期。
② 陶倩,龙洁:《科学教育与人文教育的结合——钱伟长大学教育思想的形成及启示》,载《上海大学学报(社会科学版)》2006年第1期。
③ 徐琴:《钱伟长高等教育思想刍议》,载《复旦教育论坛》2010年第3期。
④ 王淇:《钱伟长德育思想的研究》,东北农业大学2019年硕士学位论文。
⑤ 李士金:《钱伟长教授的素质教育观》,载《天津教育》2006年第8期。
⑥ 平越,吴嘉玲,王伟忠,孟少华:《钱伟长体育思想初探》,载《体育文化导刊》2003年第7期。

篇，内容涉及哲学、历史学、文学、自然科学、工程技术、区域经济、城市建设、管理学、中文信息学以及教育学等，集中反映了他"对祖国的科学教育事业、国家现代化建设事业的真知灼见和热诚实践，对国家和民族在社会、经济、科技和文化发展乃至祖国的和平统一大业等诸方面的专注和投入，其中有许多文章是他前瞻性的思考与探索的结晶"[①]。董乃斌、尤红斌等就此发表相关学习文章[②]。

董乃斌撰文认为，"这次浏览《文选》五卷，从更多的文章里感受到了作者志向的高远宏阔，感受到作者对祖国的强烈责任感真正贯穿了一生，始终在身体力行着"。

尤红斌撰文指出，钱伟长非常重视能力的培养，在《钱伟长文选》中，反复论证"鱼"和"渔"的关系。钱伟长认为，在大学的教育里，应该以培养能力为主，而不是以灌输知识为主。

秦钠认为，钱伟长对"学习"的诠释，还原了"学习"的全面特性。在社会发生转型，科学技术日新月异，经济高速发展的今天，对于"学习"二字，很有必要进行再认识和再学习。钱伟长的"学习"理念和身体力行，值得我们不断研究和学习。

周成璐认为，在钱伟长的学术思想中，充分显示出了一个具有深厚人文意识和哲学睿智的教育家的真知灼见：对科学技术概念内涵和方法论的解释折射出宽广的学术视野；富有远见地提出学科的融合将形成完整的科学体系；以辩证的哲学思维来协调文科与理科的均衡发展。

李孝弟从钱伟长关于拆"第三堵墙——教学与科研之间的墙"的观点出发，认为钱伟长正是从时代发展的角度，以新时代教育所承担的历史使命为出发点来论述教师发展的，充分阐述了教学与科研之间的密切

---

① 上海大学《钱伟长文选》编辑委员会：《钱伟长文选》，上海大学出版社2004年版，出版说明。
② 以下六人的论述均出自董乃斌，尤红斌，秦钠，周成璐，李孝弟，魏琼：《学习〈钱伟长文选〉笔谈》，载《上海大学学报（社会科学版）》2006年第1期。

关系及共通之处,从而赋予了教师发展观以深刻的历史内涵,对于上海大学乃至当今我国的高等教育中关于教师如何发展的问题富有启发意义。

魏琼认为,在钱伟长教育思想中,创新是至关重要的。纵观《钱伟长文选》,创新意识贯串始终。

(二)钱伟长教育思想实践研究

叶松庆撰文认为,在半个多世纪的教育实践中,钱伟长形成了系统而深邃的科学教育思想,并用之为国家和人民做出了卓越的贡献[①]。

叶志明等发表文章认为,在钱伟长教育理念指引下,上海大学实行的以"学分制、选课制、短学期制"等"三制"为核心的全面教育教学改革"最先涉及高校改革中突出的难点和瓶颈问题","提出了一系列行之有效的解决办法,持续改革,与时俱进,形成了创造性的成果"[②],并认为当前"必须以马克思主义中国化的最新成果为指导,认真学习、研究和实践钱伟长教育思想"[③]。

王福友认为,短学期制"是上海大学在钱伟长校长的领导下坚持推行的独特的教学管理制度",实施短学期制"有利于教师精简教学内容,提高教学效率,有利于培养学生的自学能力,还能为教师提供充裕的科研时间",而推行过程中存在的问题则需要"通过提高教师素质、招生管理制度改革等措施解决"[④]。

曾文彪认为,钱伟长教育思想在上海大学的改革实践既可以丰富中国特色社会主义教育理论,对当前高校的改革发展也有启迪意义[⑤]。

---

① 叶松庆:《钱伟长的科学教育思想与实践》,载《上海大学学报(社会科学版)》1999年第4期。
② 叶志明,宋少沪:《钱伟长教育思想在我校教育教学改革中的实践——浅论与时俱进的上海大学"三制"特色》,载《上海大学学报(社会科学版)》2006年第1期。
③ 叶志明:《以马克思主义中国化的最新成果为指导,认真学习、研究和实践钱伟长教育思想》,载《上海大学学报(社会科学版)》2008年第2期。
④ 王福友:《钱伟长与上海大学短学期制》,载《现代大学教育》2010年第3期。
⑤ 曾文彪:《实践钱伟长教育思想,高扬自强不息的上大精神》,载《上海大学学报(社会科学版)》2008年第2期。

陈然通过回顾钱伟长的一生科学报国的经历，对钱伟长的科学精神和影响进行解读，介绍钱伟长主要的学术成就，指出科学报国和强国富民的爱国情怀是其科学精神的根基。文中系统地总结和分析了钱伟长治校（上海大学）、建所（上海大学力学所）、办班（各类理性力学讲习班、应用数学和力学培训班）、办刊（《应用数学和力学》杂志）、办会（各类国际国内学术会议）的经历，并据此提炼了钱伟长知行合一的奉献精神①。

陶倩总结了上海大学在办学过程中的"文理渗透"经验，以此阐述了钱伟长培养"全面发展的人"的办学理念，认为"文理渗透必须全程、全员、全方位、全学科进行"②。

刘晓强认为钱伟长的通才教育思想有着深厚的中西方文化基础和对自身教育实践的思考与总结，并形成了一个从人才培养目标和办学理念、课程体系和教学内容、教学方式和方法到学校管理和评估的完整人才培养模式。这一模式以时代趋势和高等教育人才培养的内在规律为前提，以"拆除四堵墙"的办学理念为核心，以"通识教育"的丰富内涵为基础，以培养学生学会自学、创新精神、适应社会为目的，最终将学生培养成复合型、创造性、善学习的有用人才③。

邢红军从学科教育实践方面，阐述了钱伟长教学观对物理教育的启示④。

周艳等采用文献资料法对钱伟长的体育思想和实践进行整理研究，认为钱伟长"对体育的教育功能、价值、方法方面都作了深刻的思考"，他特殊的体育实践富有传奇色彩，他的"体育与全民素质的提高"的体育思想具有前瞻性，为"指导学校体育工作不断适应我国社会经济发展的需要提供了重要的参考依据"⑤。

---

① 陈然：《试论钱伟长的科学精神及其影响》，上海大学2012年博士学位论文。
② 陶倩：《文理渗透与学生全面发展》，载《科学中国人》2004年第3期。
③ 刘晓强：《钱伟长通才教育思想和实践研究》，上海师范大学2019年硕士学位论文。
④ 邢红军：《论钱伟长的教学观及其对物理教育的启示》，载《教育研究》2000年第6期。
⑤ 周艳，邵斌：《钱伟长的体育思想与实践》，载《体育文化导刊》2010年第5期。

陈荣莲等着眼于个案分析,从上海大学机电工程与自动化学院的教学实践出发,探析在钱伟长教育理念指引下的创新人才培育新模式[①]。

(三)钱伟长教育思想综合性系列研究

该方面研究主要见诸江南大学和上海大学两所高校研究人员的相关专著与文章。此外还包括一个由上海大学图书馆建立的,目前国内唯一的一个钱伟长资料特色数据库。

1. 江南大学"钱伟长教育思想研究"系列文章(贺钱伟长九十华诞)

江南大学曾于2002年钱伟长九十华诞之际,发表系列文章,从不同角度对钱伟长的教育思想进行了较为系统的研究、阐释。

黄焕初着眼于终身学习与高等教育教学改革方面,认为"钱伟长先生倡导的终生学习,是他教育教学思想的重要组成部分;终生学习需要远大的抱负和勤奋好学的精神;终生学习要理论联系实际,要着眼于全局、着眼于理解;高校要深化教育教学改革,转变教育观念和教学方法,为终生学习作准备"[②]。

龚震伟着眼于教育哲学思想方面,认为从教育职能、教育目的和知识论方面探讨钱伟长的教育哲学思想,对构建具有中国特色的教育理论和指导我国高等教育改革与发展,有着十分重要的现实意义[③]。

程勉中和金其桢着眼于创新教育思想和探索方面。程勉中认为,钱伟长的创新教育思想是在长期实践过程中形成的,钱伟长对大学教育目标的认识在于强调创新精神和创新能力的培养,创新教育能够促进创新人才的全面发展;在培养学生创新精神、创新意识、创新能力等方面钱伟长都有独到的见解;钱伟长十分重视教师在创新教育中的作用,并且致力

---

① 陈荣莲,徐小勇,丁兴贵,徐庆富:《创新实践与人才培养新模式——钱伟长教育思想实践》,载《当代经济(下半月)》2007年第10期。
② 黄焕初:《终身学习与高等教育教学改革》,载《江南大学学报(人文社会科学版)》2002年第5期。
③ 龚震伟:《关于钱伟长教育哲学思想的探讨》,载《江南大学学报(人文社会科学版)》2002年第5期。

于以教育创新的实践来推进创新教育及其理论发展①。金其桢认为,钱伟长不仅是一位杰出的科学家,也是一位杰出的教育家。在半个多世纪的教育生涯中,创新贯穿于他教育实践的始终。他坚持不懈、不遗余力地进行教育创新探索,身体力行,创造性地深入进行教育、教学改革,努力培养具有创新能力的高素质人才,为我国教育事业的发展做出了卓有成效的贡献。钱伟长数十年来的教育思想和教育实践,处处闪现着创新精神,充满着创造性活力。对于我们今天的教育创新,具有重要的现实借鉴意义和深刻的启迪作用②。

袁振辉着眼于教育理念方面。其文章指出,钱伟长所认为的"大学教育就是要教会学生自学"在当今信息时代尤为重要。在某种意义上,创造性就是信息的综合重组。专题化与综合化是新时期高等教育的特征,它反映了我国高等教育从封闭僵化的专业设置转变为开放灵活的学科框架的重大改革。培养学生的综合能力和系统思想,是我们国家命运之所在。钱伟长还亲自主持了上海工业大学——上海大学的一系列管理体制改革,其核心理念是调动师生的教学积极性和创造性,使教学的主体(学生)得到更多的学习自由度和自主权。在从事"教育创新"的伟大事业中,钱伟长的教育思想是一笔宝贵的精神财富。③

王树洲着眼于高等教育改革和人才培养方面。其文章指出,钱伟长认为:人才应该德才兼备,我们的教师不仅要教书还要育人;人才要能满足社会之需,我们要培养宽基础、高适应的复合型人才;推进教学改革,提高教育质量,关键在于教师,要建立激励机制,调动教师的积极性,教学与科研相结合,提高教师的专业素养;推进教学改革,不仅传授

---

① 程勉中:《钱伟长创新教育思想探析》,载《江南大学学报(人文社会科学版)》2002年第5期。
② 金其桢:《试论钱伟长的教育创新探索》,载《江南大学学报(人文社会科学版)》2002年第5期。
③ 袁振辉:《钱伟长教育理念初探》,载《江南大学学报(人文社会科学版)》2002年第5期。

知识,训练技能,还要培养学生的自学能力、分析解决问题的能力和创造能力。①

徐立青撰文认为,钱伟长高等教育思想的主线是"培养全面发展的高素质的人才"②。

以上诸文中均提及钱伟长爱国主义思想在其教育思想各个方面中的重要地位及其影响。

2. 上海大学"钱伟长教育思想研究"系列丛书

上海大学为庆祝钱伟长九五华诞,于2006年策划出版国内第一套系统研究钱伟长的系列丛书,力图系统而全面深入地总结钱伟长的科学思想、教育思想、科学成就和教育成就以及人生活动的主要方面。该丛书以上海大学主持的全国教育科学"十一五"规划2007年度教育部规划课题"钱伟长教育思想与上海大学的发展及启示研究"和上海市2007年度教育科学研究重点项目"钱伟长教育思想与上海大学的发展研究"系列成果为基础。

目前已出版的著作有《钱伟长的治学理念与教育思想》(2007年,冯秀芳著,戴世强审订)、《钱伟长校长的治校理念与治学之道》(2008年,王福友著)、《钱伟长教育思想和教育实践研究》(2008年,金其桢、金秋萍主编)、《钱伟长图影编年》(2008年,蒋永新等著)和《钱伟长的教育观》(2009年,李旭著)和《钱伟长与上海大学》(2010年,曾文彪著)六种。

冯秀芳从钱伟长的治学理念与教育思想方面,概述了钱伟长的生平、主要学术成就、办学观、人才观、教学观以及他的教育思想渊源③。该书被列为国家自然科学基金资助项目和上海市文化发展基金资助项目,是国内研究钱伟长的第一部博士论文著作。

---

① 王树洲:《教学改革与人才培养——钱伟长教育思想谈》,载《江南大学学报(人文社会科学版)》2002年第5期。
② 徐立青:《人的全面发展是高等教育的第一要义——钱伟长高等教育思想初探》,载《江南大学学报(人文社会科学版)》2002年第5期。
③ 冯秀芳:《钱伟长的治学理念与教育思想》,上海大学出版社2007年版。

王福友着眼于钱伟长的治校理念与治学之道。论著专门论述钱伟长自1946年回国致力于高等教育事业，尤其是自1983年任职上海工业大学和上海大学校长以来的治校经验，重点研究钱伟长教育思想的形成与发展、钱伟长高等教育思想的问题意识与意义、钱伟长治校过程的五个纬度、钱伟长治校的实践特征和影响因素等问题[①]。

金其桢、金秋萍厘清了钱伟长教育思想的发展脉络，从半个世纪以来特别是改革开放以来中国教育教学改革所走过的历程和世界教育发展的趋势这一宏观背景大视野出发，通过对钱伟长教育思想进行全方位的缜密审视，从15个方面多视角、多层次地对钱伟长教育思想进行了深入的探析。并用理论与实践、宏观与微观、历史与现实密切结合的方法，从探索教育教学规律的高度，对钱伟长在近70年的教育实践中形成的富有个性和特色的教育思想进行了比较细致的梳理、论析和阐发，较为清晰地勾画出一个内容丰富、涉及面广泛的钱伟长教育思想体系，基本上厘清了钱伟长教育思想的发展脉络，阐明了研究、弘扬钱伟长教育思想具有重要价值。[②]该著为其主持的"中国高等教育学会'十一五'教育科学研究规划课题"和"江苏省教育科学'十一五'规划课题"成果。

蒋永新等搜集了诸多珍贵图片，以图影年谱的形式汇编出钱伟长的一生经历[③]。该书是立足于全国唯一的钱伟长资料数据库，以钱伟长1931年至2007年近500幅照片题词为主编录而成的图影编年集。

李旭基于国家公民教育观的角度阐述了钱伟长的"大教育观"，认为钱伟长的"大教育观"是一种突破传统教育思维，面向大时代、大需要，培养学生大意识、大眼界、大能力，开放式、终身学习式的国家公民教育观。公民性、全面性、终生性是钱伟长"大教育观"的三大特征。[④]

---

① 王福友：《钱伟长校长的治校理念与治学之道》，上海大学出版社2008年版。
② 金其桢，金秋萍：《钱伟长教育思想和教育实践研究》，上海大学出版社2008年版。
③ 蒋永新，王海雄，詹华清，王德英：《钱伟长图影年谱》，上海大学出版社2008年版。
④ 李旭：《钱伟长大教育观》，上海大学出版社2009年版。

曾文彪从个人20多年来参与上海大学历次重大改革与发展规划、并经常为学校和主要领导起草相关文件的工作实践出发,结合钱伟长的教育思想和学校的发展史实,切身阐述钱伟长的治教、治学和治校理念,突出了钱伟长教育思想的科学性和实践性特点。他认为,钱伟长的教育思想是"鲜活的,从各个方面影响着上海大学的每一个方面,所以学习与研究钱伟长教育思想的最终目的还是为了指导学校今后的工作"。[①]对此,李旭发表书评指出,该书通过5个篇章演绎了钱伟长的人生主题——爱国,并以作者亲身经历的史实突出了钱伟长以"拆四堵墙"为核心的科学教育思想。钱伟长以"一生实践成就一个大写的'人'"。[②]

到目前为止,在钱伟长教育思想系列研究中取得阶段性成果的还有周哲玮、安维复关于钱伟长教育思想核心理念的研究;叶志明、邵守先以上海大学为个案研究钱伟长大学模式与办学实践;曾文彪、王有英探寻钱伟长教育思想的形成与发展;戴世强着手整理钱伟长的"青少年时代、中年时代与老年时代"传记三部曲[③];徐琴、陈勇和陆小聪分别关注钱伟长的科技与社会思想、人文教育思想以及体育和艺术思想研究等。

3. 上海大学图书馆钱伟长特色数据库

上海大学图书馆建立的钱伟长特色数据库正在逐步的健全和完善中。这是我国目前唯一的关于钱伟长生平资料的数据库。该专题网站数据库由上海大学图书馆于2001年创建,分为自强之路、学术精粹、心系社会、大家风范、高山仰止、热点聚焦等六个主题,收集了钱伟长绝大部分的科研成果资料和他人的相关研究文章。

至2009年4月,该数据库拥有钱伟长相关论著文集33篇,科学论文876篇,媒体报道798篇,大事记708篇(条),视频28件,音频7件,题字图

---

① 曾文彪:《钱伟长教育与上海大学》,上海大学出版社2010年版,自序。
② 李旭:《教育要"拆四堵墙"》,载《教育与职业》2010年第10期。
③ 戴世强拟编著关于钱伟长的三部传记性著作:《钱伟长的青少年时代(1912—1956)》《钱伟长的中年时代(1957—1983)》和《钱伟长的老年时代(1983至今)》。

片506篇(张)①。其中钱伟长论著著作权经钱伟长本人授权使用。

（四）关于钱伟长的生平研究

有关钱伟长研究的文章中，相当多部分是关于钱伟长生平的描述类文章,典型的如：中央电视台《大家》栏目的采访记录《一切为了国家》②；黄黔参加第一届教师节"我的老师"征文比赛,从自身经历的角度描述了自己所尊敬的导师③；常青、王宗仁和叶辛分别在20世纪80年代初以及21世纪初用文学的优美笔触为我们叙述了钱伟长的家史故事④；刘立毅、周文阔从钱伟长大学求学生涯和高校科研教育工作方面做了简要介绍⑤；王建柱从钱伟长一生所作的重大选择方面介绍其爱国事迹⑥。

其他还有从钱伟长的政治生活⑦、求学志向⑧、养生之道⑨、故乡情结⑩等方面的研究文章,在此不一一赘述。

综上所述,以上文章从不同角度,不同层面涉及钱伟长的爱国主义情怀,有些文章还提升到爱国主义教育思想的高度。但在爱国主义教育思想的直接研究方面的研究成果还相当少,甚至说还处于刚刚起步阶段,在学术上还存在着大量的空白地带。

二、当前研究未尽之处

正是在充分占有这些文献资料的基础上,笔者发现,回顾历年来的研

---

① 数据来源：上海大学图书馆钱伟长数据库。
② 曲向东：《钱伟长：因为我是中国人》,载《教师博览》2004年第12期；本刊特约记者：《一切为了国家——"万能科学家"钱伟长访谈录》,载《百年潮》2007年第2期。
③ 黄黔：《我的导师钱伟长》,载《智慧之泉》,教育科学出版社1985年版。
④ 常青,王宗仁：《照澜院里钱伟长》,载《文汇月刊》1983年第2期；叶辛：《钱伟长,从七房桥走出来》,载《收获》2001年第2期。
⑤ 刘立毅,周文阔：《弃文从理的科学家钱伟长教授》,载《物理教师》2002年第3期。
⑥ 王建柱：《学界巨擘钱伟长》,载《人才开发》2006年第9期。
⑦ 赵政民：《钱伟长访晋侧记》,载《文史月刊》2000年第2期。
⑧ 高畅,曾珺：《钱伟长青年时代志向的改变及其启示》,载《党的文献》2007年第5期。
⑨ 哈益明：《长寿关键靠自己——中科院院士钱伟长的养生之道》,载《党史纵横》2006年第5期。
⑩ 沈伟东：《钱伟长的姑苏情结》,载《钟山风雨》2007年第3期。

究趋势,总体来说学术界对钱伟长教育思想的研究取得了不少成果,为后人进一步研究钱伟长教育思想奠定了基础。

但是,客观来看,目前既有的研究也存在如下不足之处:对钱伟长爱国主义教育思想的专题研究尚显薄弱。关于钱伟长教育思想研究的专著数量较少,而爱国主义教育思想作为其整体教育思想的最核心部分,在相关的论文中大多只是部分提及而已;目前发表的学术论文也多集中在对钱伟长其他具体的教育思想的研究,对钱伟长爱国主义教育思想的专门研究尚不够系统深入。此外,钱伟长爱国主义教育思想对我国当前思想政治教育改革的现实启示方面尚可进一步挖掘。

因此,本书力图在前人研究的基础上,对钱伟长爱国主义教育思想做进一步系统深入的研究和探讨,深入、全面地探究其完整的结构及结构各要素之间的内在联系,分析其爱国主义教育思想产生的历史背景与个人动因,探讨其时代价值及借鉴意义,展现完整生动的爱国主义教育思想全貌,以图增补当前研究的未尽之处。

第三节　研究视野与内容

一、研究方法

研究方法的选择是由问题本身决定的。教育家的生平、实践以及其教育思想的变化与体系的形成是一历史过程,而其教育思想本身又在追求逻辑上的统一性。本书以钱伟长爱国主义教育思想为个案,以历史唯物主义和辩证唯物主义为指导,在详尽占有史料的前提下,秉承实事求是和"论世知人,知人论世"原则,从时代的大背景出发,分析时势和环境对人物思想行为的影响,对钱伟长以立场坚定、旗帜鲜明的爱国理念为核心的爱国主义教育思想进行系统梳理解读,如实提炼其思想内涵,力求为我国当前的思想政治教育工作提供有益的借鉴和参考。因此,本书依据各部分不同的研究目的采取相应的研究方法,主要运用马克思历史唯物主义和辩证唯物主义相结合的方法,遵循历史与逻辑的统一,辅以文献法、历史法、实证调查等研究方法,对研究对象进行比较全面、深刻的研究,从而力图做出科学、客观、公正的评价。

文献研究法。本书可供研究的资料都深埋在文献资料中,只有通过对重要历史文献的发掘、分析和整理,才能得到有价值的研究资料,为研究提供整体框架和思路。因此本书把文献法作为最重要的研究方法,在研究中尽可能多地收集和选择有较大影响和权威性的学者或组织的文献作为分析、研究的对象,包括专著、论文、报刊、书信、简评、随想、回忆录等,并对这些资料进行系统的分析、整理,形成文献研究综述;在研究的过程中进一步根据需要收集整理各类资料,使研究始终建立在扎实的理论分析基础之上。

历史研究法。历史是思想的仓库。亚里士多德认为:"我们如果对任何事物,对政治或其他各问题,追溯其原始而明白其发生的端绪,我们就可获得最明朗的认识"[①]。本书拟运用历史分析法,考察钱伟长爱国主义教育思想形成的历史背景,分析社会发展所带来的意识形态的流变与内涵。

实证调查法。重视钱伟长爱国主义教育思想的深入发掘并不是脱离现实生活的纯学术问题。笔者力图通过实地访谈等形式来获取大量有利于研究的第一手信息。在对中华民族爱国主义德育与现代化这一重大时代课题进行探索和反思的过程中,力图把钱伟长的爱国主义教育思想切入当代信息社会的发展,运用理论与实践相结合的方法,以实事求是的科学态度,链接生活,启迪后人,使钱伟长的爱国主义教育思想具有强大的时代生命力。为此,笔者于2007年通过层层选拔,参加了共青团上海大学团委组织的"追寻钱校长求学路 做自强不息上大人"考察寻访团,走访

---

① [古希腊]亚里士多德:《政治学》,吴寿彭译,商务印书馆1965年版,第7页。

了钱伟长的故乡和他学习生活过的地方,实地了解钱伟长的相关背景和无锡苏州的地域文化(参见附录一)。

此外采取的方法还包括向有关专家请教等等。在成稿期间,多次研读有关专家的专著,参加学术讲座,认真听取专家学者的建议等。

二、研究内容

全书除导论和结语外,共分六章。篇章结构体系如下:

导论主要内容包括研究缘起和问题提出、研究目的和意义、研究综述、研究思路及研究方法等。

第一章对爱国主义理念进行多学科不同角度解读,同时从理论角度讨论隐性德育对于青少年成长而言的特征与功能,力求初步探寻钱伟长爱国主义教育思想的理论基础。

第二章阐述钱伟长爱国主义教育思想的形成因素。个体思想的产生与时代的风云际会关系密切。本章分别从历史传统、地域文化和时代社会发展等大背景中寻找社会性影响因素,并探讨个人理论积淀对教育思想形成的影响。

第三章阐述钱伟长爱国主义教育思想的发展历程。个体思想的形成在很大程度上取决于其所受的教育、家庭和社会环境的熏陶、良师益友的指点。本章以阶段性的发展过程为主线,以时间为副线,梳理钱伟长爱国主义教育思想形成的脉络。

第四章阐述钱伟长爱国主义教育思想的内容和特点。分别从价值取向、奋斗精神、人格气节、忧患意识和育人理念等五方面叙述钱伟长爱国主义教育思想的具体内容,并归纳出时代性、民族性、政治性、实践性以及前瞻性等五大鲜明特点。

第五章阐述钱伟长爱国主义教育思想的实践成就。从钱伟长自身学习生活、教学管理领域和国家社会建设等三方面介绍钱伟长爱国主义教育思想与实践相结合后所产生的成就,从而进一步加深对第二、三章内容的认识。

第六章阐述笔者对钱伟长爱国主义教育思想的一些思考。主要从教育机制、教育路径和教育内容等三方面概述笔者的一点浅见。

结语主要是对前面内容作概述性总结,补充说明研究钱伟长爱国主义教育思想教育的现实意义,分析其时代作用。结合当前现状,将课题的意义向纵深处提升。

本书的创新之处在于创新研究思路,统领在一个主题下,对钱伟长教育思想的核心部分——爱国主义教育思想进行整体研究。通过研究钱伟长爱国主义教育思想,把握它的本质,提炼它的内核,从而为更好地发挥当前思想政治教育的育人作用提供有价值的参考。

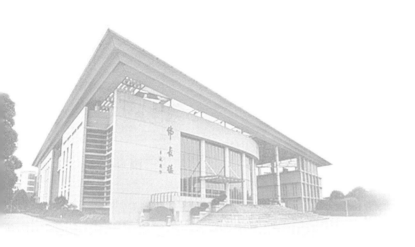

第一章 爱国主义与隐性德育

翻开世界历史，放眼古今中外，我们会发现"爱国"可以说是自国家产生以来就已存在的永恒的主题。没有一个国家的人民不主张爱国，也没有一个国家的人民不把爱国主义当作最伟大、最崇高的思想感情。爱国主义是"动员和鼓舞中国人民团结奋斗的一面旗帜，是推动我国社会历史前进的巨大力量，是全国各族人民共同的精神支柱"[①]。

第一节　爱国主义概述

爱国主义是民族的灵魂、感情的纽带和团结的基础，能形成一个民族国家的巨人凝聚力和向心力，成为推动一个民族历史发展的重要因素，甚至起着决定一个国家前途和命运的作用。对于当代中国来说，爱国主义是维护民族团结、国家统一、抵御外侮、捍卫祖国利益的精神支柱。

[①] 国家教育委员会：《关于贯彻〈爱国主义教育实施纲要〉的通知》，载教育部思想政治工作司编《加强和改进大学生思想政治教育重要文献选编(1978—2008)》，中国人民大学出版社2008年版，第209页。

一、定义诠释

爱国主义一开始并非一个政治词汇,而是一个文化、地理词汇。英语中的"爱国主义"(patriotism)一词来源于拉丁语中的"祖国"(patria)。在历史发展的大部分时间中,对祖国的热爱都是对祖先繁衍生息的土地的一种深情依恋。随着工业革命及其引起的大规模社会转型,"爱国主义"的意义明显得到了扩展。对国家的风俗和传统的热爱、对国家历史的自豪感以及为国家福祉奉献等等,都被纳入其中[①]。政治内涵成为爱国主义的组成要素之一始于17世纪。

给爱国主义下定义有两种类型的思维角度:一是概括式定义,即用比较简练、抽象的表达方法,揭示爱国主义的本质属性,集中回答爱国主义"是什么";二是功能式定义,通过列举爱国主义的表现和作用,意在对所定义的概念进行"说明"。

由于涉及地理、文化、政治以及行为方式等多方面的内容,世界许多著名词典中对于"爱国主义"的定义显得过于宽泛。

《韦伯斯特大词典》将爱国主义定义为"对国家的热爱或奉献"[②]。《简明牛津政治辞典》认为爱国主义"一般为对祖国的热爱或保卫祖国利益的热情,但并不一定会形成具体行动"[③]。这两个定义的相同弊病在于,缺乏对爱国主义的行为界定和道德判断。即便是《简明牛津政治辞典》加上了有关爱国主义对象的内容,但"祖国的利益"是否都是"爱国主义"的对象仍值得商榷。

《大英百科全书》认为爱国主义是"为保存、保护以及传播一国的传

---

① Dietz M G. "*Patriotism: A Brief History of the Term*," in l. Primoratzed, New York: Humanity Books, 2002.
② Dictionary.com. Webster's Revised Unabridged Dictionary. MICRA Inc, 1998.
③ McLean I & McMillan A. The Concise Oxford Dictionary of Politics. New York: Oxford University Press (USA), p.400.

统与价值观"①。该定义更看重的是爱国主义的文化要素。事实上对一国的传统与价值观的界定非常困难;而且即使一个人并不赞同其祖国的传统与价值观,也并不能被证明他不爱国。美国作家黑尔(E. E. Hale)在其著名的小说《没有祖国的人》(*Man Without a Country*)中塑造的一个美国军官(Philip Nolan)就是这样一个典型。由于不赞同美国的价值观,这个军官发誓不再见美国,因而终年乘军舰漂泊在海洋上。但他的内心却充满着对美国的热爱。他曾对一年轻军官说:"(美国)是你的祖国。你属于她,好比属于你的母亲。"当他临死时得知美国的领土已经大大扩展时,他非常高兴。在他死后,有人评价他,"他热爱祖国甚于所有人,得到祖国的关照少于所有人"。很多美国人相信Philip Nolan就是一个真实的美国爱国者,尽管他实际上是个小说人物。

《布莱克韦尔政治思想百科全书》则定义爱国主义为"对祖国的热爱,意味着随时准备以行动来保卫祖国或在对外交往中支持祖国"②,试图将爱国主义与民族主义加以区分,认为爱国主义是一个比民族主义更为古老的词汇、是一种情感,而非如民族主义那样是一种政治理念。该定义认为,爱国主义是单纯地对所生活的土地或生活方式的忠诚,而较少涉及民族主义的核心问题,即抽象的"国家"概念。

而普里莫拉兹认为,爱国主义是"对某一国家及其政体的热爱,部分是由于那是其祖国这一事实所激发的,并以对其国家与同胞的福祉的特殊关切的形式表现出来"③。

中国思想界对爱国主义的讨论历史悠久。不过对爱国主义的讨论更多用于政治教育目的:不少词典有"爱国主义教育"词条,但却没有"爱

---

① O' Leary C E. *To Die For: The Paradox of American Patriotism*. Princeton, N.J.: Princeton University Press, 1999, pp.27–28; Pullen J J. *Patriotism in America: A Study of Changing Devotions, 1770–1970*. New York: American Heritage Press, 1971, pp.66–68.
② David Miller ed., *The Blackwell Enchychpaedia of Political Thought*, London: Blackwell Reference, 1987, p.369.
③ Primoratz I, "*Introduction*", in Primoratzed, *Patriotism*, p.12.

国主义"词条;杂志上发表的有关爱国主义的文章大多是谈论"爱国主义教育",少有对"爱国主义"的概念进行学理梳理;大部分书籍是以"爱国主义讲座""爱国主义教育辞典""爱国主义教程"等作为标题,并进行教育宣传的。

《辞海》将爱国主义定义为"历史地形成的热爱和忠诚自己祖国的思想、感情和行为。是对待祖国的一种政治原则和道德原则。它的具体内容取决于一定的历史条件。剥削阶级的爱国主义带有阶级的局限性,但在一定条件下也有积极意义;无产阶级的爱国主义同国际主义相结合"①。该定义较为全面,但学理性稍差。

张耀灿、陈万柏认为,爱国主义是"长期生活在一定疆域的人民在深刻理解祖国所代表的各种价值对人类进步所具有的意义的基础上产生的强烈而执着的爱国之情和神圣信念"②。仲国霞、仲国英将爱国主义概括为"以对祖国的深厚情感为基础的崇高的社会意识"③。潘亚玲撰文认为,爱国主义"是一种由祖国及其所代表的价值观念所激发的并以对国家与同胞福祉的特殊关切的形式表现出来的个人对国家的热爱情感"④。梁凤鸣、何玉洁将爱国主义简练地抽象为"政治原则和道德规范的总和"⑤。孙永森从"有形文明"和"无形文明"两个概念阐发爱国主义思想⑥。

赵秀冬强调了爱国主义具有道德规范和政治原则的二重属性⑦,认为"爱国主义是一种社会意识,是人们长期培育起来的对自己祖国的一种深厚的感情,从这一点来说,它是一种道德规范;但是,爱国主义的一些内容在国家的宪法和法律中作了明确的规定,公民必须遵守,不得违犯,从这

---

① 《辞海(1999年版缩印本)》,上海辞书出版社2000年版,第1810页。
② 张耀灿,陈万柏:《思想政治教育学原理》,高等教育出版社2002年版,第147页。
③ 仲国霞,仲国英:《爱国主义教程》,党建读物出版社1998年版,第2页。
④ 潘亚玲:《爱国主义与民族主义辨析》,载《欧洲研究》2006年第4期。
⑤ 梁凤鸣,何玉洁:《大学生思想品德修养》,哈尔滨工程大学出版社1995年版,第193页。
⑥ 孙永森:《告别臣民的尝试——清末民初的公民意识与公民行为》,中国人民大学出版社2004年版,第70页。
⑦ 赵秀冬:《爱国主义漫谈》,青岛海洋大学出版社1991年版,第4页。

一点来说,它是一种政治原则"。

罗大文从心理情感层次、观念形态和行为模式三个方面阐述了爱国主义内涵,认为爱国主义"在心理情感层次上,表现为人们对自己祖国的一种最深厚的感情;在观念形态上表现为一种基本的道德规范和重要的政治原则;在行为模式上,表现为爱国主义的实践活动"①。

而史学家谢本书则从史学研究的角度出发,认为爱国主义是"一种特殊的意识,也成了一种具有约束力的特殊的行为准则";是"各国各族人民都具有的对自己祖国的一种崇高的深厚的感情,是为祖国独立、繁荣、富强贡献力量的强烈的责任感,以及不惜牺牲自己一切的献身精神"②。在漫长的历史发展中,爱国主义本质上"既成了一种特殊的意识,也成了一种具有约束力的特殊的行为准则。作为社会意识,它既是政治意识,也是道德意识。作为行为准则,它既是政治规范,又是道德规范。因此,对爱国主义的背叛,不仅会因损伤民族自尊心而受到舆论的谴责、道德的约束,而且还可能承担政治责任,直到追究刑事责任";"爱国主义不仅表现为热爱自己祖国的江河山林,热爱自己祖国的语言、传统、民俗习惯、历史文化,即眷恋乡土、怀念故里的感情;而且表现为对祖国对民族的真诚的献身精神,甘心情愿把自己的一切奉献给自己的祖国"③。

结合爱国主义概念所涉及的对象、手段及道德立场等各方面,本书赞同下述定义:"爱国主义是人们忠诚、热爱、报效祖国的一种集情感、思想、意志于一体的社会意识形态,是在人类社会历史进程中形成、发展、巩固起来的一种团结凝聚国家和民族、推动历史发展的强大的精神力量,也是调节个人与国家民族关系的基本政治、道德和人生价值规范"④。它在当今民族主权国家占据着主导地位、有着根本的重要性,对国家的内政外交会

---

① 罗大文:《爱国主义研究纵横》,西北工业大学出版社1993年版,第5页。
② 谢本书:《爱国主义——伟大的精神力量》,载《民族学与现代化》1987年第2期。
③ 谢本书:《论爱国主义》,载《云南社科联通讯》1989年第5期。
④ 教育部思想政治工作司:《思想道德修养(第2版)》,高等教育出版社2000年版,第28页。

产生重大影响力。

二、哲学解读

（一）爱国主义的本体与属性

作为哲学概念的本体表示的是事物根本性质。列宁指出："爱国主义是由于千百年来各自的祖国彼此隔离而形成的一种深厚的感情。"① 也就是说爱国主义的本体就是这种对祖国最诚挚、最深厚、最纯真、最炽烈的爱，最神圣的情愫。这种感情集中表现为"对祖国的山河、同胞、物质财富和精神财富的无限热爱；对祖国历史、文化、语言和优良传统，具有高度的民族自豪感；对祖国前途、命运的无比关心；把个人的前途命运和祖国的前途命运紧密联系在一起，为祖国的独立富强而奉献一切"②。正是由于这种个人与国家之间纯真深厚的情感的存在，才使得每一个爱国主义者对自己国家的主权、领土无比珍视和挚爱；对自己祖国命运深切关注，把

---

① 《列宁选集：第3卷》，人民出版社1995年版，第579-580页。这句话曾被误译为"爱国主义就是千百年来巩固起来的对自己祖国的一种深厚情感"，并作为爱国主义的标准定义而长期流行，并在学者们的论著中毫无例外地被引用，实际上这是人们以自己的方式对列宁定义的同化和改造。中央编译局列宁斯大林著作编辑室的同志在纠正这一翻译错误时曾集体撰文指出：过去我们在这句译文上有错误，"误译之处有二：第一，没有把'彼此隔离'这个关键词译出来；第二，译为'对……的感情'，是把原文的语法关系搞错了"，"旧译文的根本问题在于没有把'如何形成'的思想表达出来，在这里，能否把'如何形成'的思想体现出来，'彼此隔离'一词起着关键作用"。更为重要的是，该文郑重地指出："从列宁的思想看，他在这里所说的爱国主义，是同小生产者自给自足的经济条件相联系的爱国主义"或称"狭隘的'爱国主义'的感情"（以上三处引文见：中央编译局列宁斯大林著作编辑室：《对列宁关于"爱国主义"的一处论述的译文的订正》，光明日报1985年10月13日第3版）。列宁在这句话之后紧接着就鲜明地指出："我国无产阶级革命的一个特别巨大的，可以说是绝无仅有的困难，就是它不得不经过一个同爱国主义断然决裂的时期，即布列斯特和约时期……为了世界无产阶级革命的最高利益，我们承担而且应当承担最大的民族牺牲。"（《列宁全集：第28卷》，人民出版社1956年版，第187页）因此，列宁当时说这句话的本意是为了揭露小资产阶级的狭隘的爱国主义和大资产阶级的口头上的"爱国主义"实质上的帝国主义的根源，而并没有从完整的意义上给爱国主义下定义。但他给我们提供了一个把握爱国主义基本内容的思路。

② 陈金清：《充分认识爱国主义的地位和作用》，http://cpc.people.com.cn/GB/34727/55751/55783/3886259.html.

维护国家统一和疆域的完整,看作是自己神圣的责任和使命;对自己国家优秀的文化、道德风尚等文明遗产无比热爱,由此培育出强烈的民族自尊心、自信心、自豪感,以及为祖国的繁荣富强和人民的幸福生活而奋斗的历史责任感、义务感和献身精神。任何一个民族的发展,都必须经过一个曲折漫长的过程,而能不能崛起,能不能永葆民族之青春活力,关键在于整个民族的凝聚力与奋发力。这种内在的永恒性和统一性,是一个民族存在与发展的基础和先决条件。而这一切正是源于爱国主义的本体。

辩证唯物主义认为,物质是第一性的,意识是第二性的,因而,思维是存在的反映。爱国主义作为一种意识,它的属性必然是物质存在第一性所决定的。它的主观内容是对客观事物的反映。爱国主义是随着社会的发展而发展的,必然在不同程度上,受到社会历史条件和阶级利益的制约和影响,这就形成了它的"四性",即社会性、历史性、阶级性和层次性[①]。

爱国主义具有广泛的社会内容,能够团结各民族、各阶级、阶层的群众,为保卫国家和民族的利益、繁荣祖国的正义事业而进行英勇的斗争,特别是在受到外族欺凌、民族矛盾上升、祖国处于危急存亡的关头。马克思、恩格斯认为,不能把无产阶级的爱国主义和资产阶级的爱国主义混淆起来。爱国主义具有鲜明的阶级内容,不能离开国家的阶级本质空谈爱国主义。列宁指出,爱国主义是有阶级性的。毛泽东继承并发展了列宁的观点,认为"爱国主义的具体内容,看在什么样的历史条件下来决定"[②],指出爱国主义是一个历史范畴,赋予爱国主义以时代内容。层次性是指爱国主义有不同的层次和要求,可分为初级、一般和高级三个层次。

爱国主义是一个历史范畴,在不同的历史时期,爱国主义有着不同的具体内容。在不同的民族国家,不同的社会制度和不同的历史时期下,爱

---

① 谢本书在1987年提出了爱国主义的历史性特征;1989年提出爱国主义具有阶级性和层次性;1990年提出了爱国主义的社会性特征。该观点一经提出,"引起了学术界的关注"(马暇语。见谢本书:《走自己的路》,贵州人民出版社2001年版,序言)。
② 《毛泽东选集:第2卷》,人民出版社1991年版,第520页。

国主义的具体内容将随着各国人民所处的经济地位和政治文化思想环境的变化而变化。在我国,古代的爱国主义是要维护祖国统一和民族团结,抵御外来侵略;近代的爱国主义直接表现为救亡图存,为争取祖国的独立、富强而斗争;进入新民主主义革命时期以后,则是为争取祖国的独立、富强的斗争,与争取社会主义——共产主义前途斗争相结合;新时期的爱国主义应当体现为对社会主义祖国的热爱,为社会主义事业而献身。

(二)从认识论的角度来看,爱国主义是认识和实践的对立统一

认识是意识的主要内容,认识活动是全部意识活动的基础。马克思主义哲学认为,认识和实践是辩证统一的。认识来源于实践,"生活、实践的观点,应该是认识论的首先的和基本的观点"①。同时,认识对实践具有相对独立性,对实践有指导作用。爱国主义就是在长期的生活实践中形成的,"从爱国主义情感到爱国主义观念、再转变为爱国主义行为模式的由浅至深、由低到高的过程"②。

爱国主义首先表现为对祖国的一种深厚情感,是人们在生活实践中形成的民族意识和祖国意识的长期积淀。它源于"由骨肉亲情而扩展形成的同胞之情;源于由眷恋乡土之情而扩展为对祖国美好河山的热爱之情;源于对祖国悠久历史和传统文化的热爱;源于对祖国未来发展前途的向往和信心"③。它建立在对本民族的历史、传统、国情及其客观现实的感性认识基础之上,对民族文化和国家的前途进行理性分析,通过生活实践和理性反思,把朴素爱国情感升华为一种理性的爱国主义观念体系,进而把理性的爱国主义思想观念转化为具体的爱国主义行动,从而自觉为国家做奉献,反对侵略、捍卫国家和民族的独立与安全,维护国家的利益和民族尊严,必要时可以为国家利益、尊严、统一和繁荣牺牲个人的利益乃至生命,在实际行动中进一步强化和升华爱国主义情感。

---

① 《列宁选集:第2卷》,人民出版社1995年版,第142页。
② 傅晓宇,王海稳:《多维视野中的爱国主义内涵》,载《理论月刊》2004年第12期。
③ 傅晓宇,王海稳:《多维视野中的爱国主义内涵》,载《理论月刊》2004年第12期。

(三)从价值论的角度来看,爱国主义是主客体价值的对立统一

马克思说:"'价值'这个普遍的概念是从人们对待满足他们需要的外界物的关系中产生的"①。价值是一个广泛的范畴,它的产生同人们的需要相联系,它表明客体对主体所具有的意义。这里的客体除了物质客体外,还包括人们的社会实践、思想及所表现的道德行为;主体也不单单是指人的个体,还包括人的群体和社会群体。当客体能够满足社会个体或社会群体的某种需要时,便产生了价值意义。爱国主义价值概念来源于价值的概念,爱国主义是"建立在一定社会物质和心理基础上的主客体价值关系的双向整合与展现"②。

从爱国主义赖以产生和存在的主体方面来看,爱国主义是人类的一种精神现象,以情感形式存在并同人的需要直接联系,是人们根据自身需要在实践中逐渐形成的对客观现实的一种特殊的价值情感③,反映的是主体对国家价值的情绪体验。这种情绪体验分别表现在人与自然的价值关系和人与社会的价值关系中。自然性需要是人生存的首要需求,也是人类社会赖以存在和发展的基础,通过在自然中的不断实践,人跟自然的关系不断密切,从而产生对自己所繁衍生息的自然环境的热爱。此外,人的本质是全部社会关系的总和,而在越来越密切的社会协作中,人的社会性需要得到不断的满足,从而唤醒人们在心理上对人类群体的热爱。此类情感一经认识和体验,可以放大以产生对祖国的热爱,并由此引发出对祖国的自豪感、归属感和认同感。在这种价值情感基础上形成的爱国主义,具有强烈的传染和唤醒功能。

对人们(主体)与国家民族(客体)内在价值关系的理性把握,即对祖国和个人命运联在一起这一事实的理性认同,使得人把价值情感上升到

---

① 《马克思恩格斯全集:第19卷》,人民出版社1963年版,第406页。
② 傅晓宇,王海稳:《多维视野中的爱国主义内涵》,载《理论月刊》2004年第12期。
③ "价值情感"本质归属于价值体验的范畴,指主体从自身与客体的价值关系方面对自己社会存在状况作出某种评价而引发的一种情绪体验。

了理性的爱国主义高度。祖国的强弱兴衰决定着个人地位的尊卑和命运的优劣,亦即个人(主体)与国家民族(客体)之间存在着一种价值同构关系的理性把握和精神展现①。爱国主义的精神实质也就是肯定个人与社会的统一,肯定个人的人生观、价值观与国家的前途观、命运观的融合,并在此基础上形成崇高的社会责任感和历史使命感,从而产生推动国家民族进步发展的强大精神动力。在我国历史上,爱国主义"从来就是动员和鼓舞人民团结奋斗的一面旗帜,是各族人民共同的精神支柱"②,"是我们国家几千年发展进步的重要力量源泉,是我们民族生生不息的强大的精神支柱"③。爱国主义作为特定价值关系的主体性展现,是个人(主体)与国家民族(客体)同构关系的成果,正是在于它具有强大的凝聚力、向心力和生命力。因此,爱国主义是维护祖国统一、推动社会进步的强大的动力,对每个国家和民族的发展都具有不可估量的作用。可以说,它是民族之魂。

三、伦理学解读

(一)爱国主义的伦理学范畴

爱国主义是一个道德范畴。作为一种重要的道德规范,爱国主义表达的是一种人类特殊的道德境界,即以社会公民对其所属国家的共同认可,并以情感为基础而逐渐凝结形成的一种传统的伦理态度和伦理观点,是调整个人利益与祖国利益之间关系的行为准则。

爱国主义由诸多道德因素构成④。一是爱国主义道德认识,即对个人离不开祖国的道德关系的认识。这是爱国主义道德的起点和重要组成部分。二是爱国主义道德情感,即在心理上反映的个人与祖国的利益关系。这是在长期的生活实践中乡土观念的放大和升华,并转变为对祖国的热

---

① 张军:《论爱国主义生成的价值基础》,载《教学与研究》1996年第2期。
② 江泽民:《爱国主义和我国知识分子的使命》,载《人民日报》1990年5月4日。
③ 胡锦涛:《在实现中华民族伟大复兴的进程中谱写更加壮丽的青春之歌——在全国青联九届一次全委会和全国学联二十三大上的祝词》,载《经济日报》2000年7月12日。
④ 傅晓宇,王海稳:《多维视野中的爱国主义内涵》,载《理论月刊》2004年第12期。

爱、依恋、亲近等。这些爱国主义道德感情的集中表现是人们为实现祖国富强和繁荣而自力更生、艰苦奋斗、努力拼搏、不断进取的精神。这是爱国主义道德中极其重要的部分。三是爱国主义道德意志,即在爱国主义道德感情驱动下,人们内心产生的一种自觉维护祖国荣誉、尊严和不怕任何困难的力量。集中表现是人们自觉地维护祖国利益,尤其当祖国的整体利益受到他国的威胁和损害时,人们会在爱国主义道德意志的驱动下誓死维护祖国的利益。四是爱国主义道德行为。受爱国主义道德意志的驱动,爱国主义道德行为一般具有自觉性和自主性两个特征。在一定的社会条件下,由于个体在道德因素的各方面存在差异性,可以导致个体对爱国主义道德规范的认识不一致,并产生不同的爱国主义行为。表现为具有特殊含义的道德意识和道德规范,要求人们切实提高爱国主义道德认识,努力加强爱国主义道德修养,自觉自愿地按照爱国主义道德标准规范自己的爱国行为,义无反顾地履行各自对祖国的道德义务和道德责任。世界各国人民都把是否热爱祖国、能否为祖国的根本利益贡献自己的力量作为道德评价和判断的重要尺度。

在实际生活中,爱国主义更多是以"道德规范"的形式表现。爱国主义道德规范主要表现为以下三条:一是热爱祖国,不损害民族国家的利益和尊严,保持应有的民族气节;二是当祖国受到外敌入侵时,勇于保卫祖国的领土主权和全民族国家的最高利益;三是渴望祖国的繁荣富强,并积极为此奋斗直至牺牲生命。这是在广泛的道德实践和评价的前提下逐步形成的既定的爱国主义道德。当前,在全球化进程中,个人的国际交往不断增多,更需要坚持国家利益高于一切的原则,努力提高自己的素质,特别是道德素质。不断增强爱国守法精神,牢固树立国家观念;不断增强自立自信自强意识、竞争意识、效率意识、民主法制意识和开拓创新精神,处理好个人与国家的关系。在国际交往中强烈关注国家的利益和命运,依法维护国家的正当利益。

同时,爱国主义崇尚和尊重祖国利益并不就意味着爱国主义不承认乃至抹杀个人利益。爱国主义的现实基础是个人利益和祖国利益的一致。祖国是个人赖以生存发展的基本条件。祖国利益，如领土完整、主权独立、经济发展、文化繁荣、科学昌明、社会进步等一切，同时也是祖国儿女的利益。正因为有了祖国利益和个人利益的一致性，祖国才有了对祖国儿女的吸引力、凝聚力。祖国儿女为祖国利益奋斗的过程同时也就是他们的个人利益、人生价值不断实现的过程。因此，爱国主义起着调节个人利益与国家利益关系的作用。

（二）爱国主义的伦理价值："私德"

确定"公德""私德"的机理涉及确定"公德""私德"的权威问题。根据格林（Leslie Green）的观点，权威是"一种在统治者、臣民与行动之间的三位一体的社会关系"。其体现形式为：当且仅当下列事实存在时，A对B才拥有权威，即A要求B做C时，(1)给予B做C的站得住脚的理由；(2)排除掉一些B可以不做C的理由[1]。这一公式道出了有关权威的一个至关重要的事实，即"它是通过提供一系列特殊的行动理由而发挥作用"的。这种理由可称为"权威的特殊理由"（authority's distinctive reason），其首要特征是必须"站得住脚"，必须与一般的理由（如"那是应当做的事情""那是符合你的利益的""那样做会使你高兴"，等等）有质的区别。这一特殊理由之所以"站得住脚"，是因为，政治权威是集体行动中解决困境的可行办法。正如弗里德曼（R. B. Friedman）所说，"当人们就将要做什么无法达成一致时，困境产生了。因此，为了避免混乱，必须对由谁决定做什么取得一致"[2]。这事实上对从霍布斯（Thomas Hobbes）、洛克（John Locke）以降的社会契约论所强调的权威得以产生的根源进行了重新诠释：要解决集体行动中的困境，就必须要形成集体行动的共识，并授权相应的权威成为共识的代表。最终，权威成为一种精心设计的发明物，用以

---

[1] Green Leslie. *The Authority of the State*. Oxford: Clarendon Press, 1988, pp.41–42.
[2] Friedman R B. *On the Concept of Authority in Political Philosophy*. in Joseph Raz ed, Authority, New York: New York University Press, 1990, p.77.

在面临实质层次的争议时赢得程序层次的共同同意,其机制是将一些人的判断确定为"公"的、而将另一些人的判断确定为"私"的①。

在前文对爱国主义的定义中,爱国主义的第一个层面"个人对祖国的热爱",涉及了爱国主义的伦理道德价值。从伦理道德的角度看,公共权威所依赖的政治合法性与爱国主义所暗含的举国团结在道德上是冲突的。换句话说,爱国主义不是一种道德义务,不能通过国家机器、公共权威等强迫某人爱国。爱国主义不是一种道德义务,其真正意义在于,爱国主义不是一种道德必须。而当论及"必须"或"义务"时,必须牢记的是,那是一种外部命令。爱国主义更多是"个人"的值得追求的道德选择,是种私人事务或"私德",而非"公德"。因此,麦金太尔(Alasdair MacIntyre)才会得出结论,尽管爱国主义不是一种道德义务,但它仍可以是种美德,如同对家庭、对朋友等的忠诚一样的美德。

如果爱国主义成为一种"公德",那么它就必然要求人民忠诚,而这是不可能与可撤销的个人同意相调和的。如果我们忠于祖国更甚于忠于政府且二者发生冲突的话,则会产生两种情况:或者以祖国是一项事业的名义挑战政府的合法性,或者简单地背叛事业与理想而追随特定的政府。在前一种情况下,爱国主义是一种私人的事务,而非公共事务,因为每个人都仍天然地保留着其"多元"特色,用共享的国家事业的标准来判断当前政治权威体系。在后一种情况中,政治异议往往自动地被贴上不忠的标签,而权威体系自动地充当了爱国主义的工具,即爱国主义成了一种"公德"。出于对被扣上不忠的帽子的恐惧,有益的政治异议的发展空间大大受限,这明显不利于国家的发展、也不符合真正的爱国主义精神②。

需要指出的是,其一,将爱国主义视为一种"私德",并非意味着将爱国主义与国家相分离。其二,爱国主义不是一种"公德",并不意味着它

---

① Friedman R B. *On the Concept of Authority in Political Philosophy*. p.78.
② 潘亚玲:《爱国主义与民族主义辨析》,载《欧洲研究》2006年第4期。

"不可与他人共享"。围绕爱国主义信仰而展开的集体行动是任何公民社会都接受的。

四、政治学解读

从政治学角度来看,爱国主义表现为一种政治情感和政治规范,是公民最基本的政治素质。爱国主义作为一条政治原则,主要调整公民与国家在政治上的关系,强调公民对国家的政治责任和政治义务。别林斯基(V. G. Belinskiy)曾说过:"一般就存在于部分之中,谁不属于自己的祖国,那么他也就不属于人类。"[1] 把爱国主义作为对公民的一项政治要求,就是要使公民在思想深处懂得:人的社会本质决定了阶级社会中人的阶级属性,所以,祖国的存在和发展,是每一个人存在和发展的基础与前提,失去了祖国,就失去了做公民的权利、义务、尊严和职责。

爱国主义中的"国"既指祖国,又指国家。这是两个既有联系又有区别的概念。祖国是在国家出现之后才随之产生的,在阶级社会中,祖国是一个集自然、政治、经济、文化和历史为一体的综合概念,是由一定社会历史阶段上一定区域的国土、国民和国家机器等基本要素构成的社会共同体[2]。国家则是建立在一定经济基础上的上层建筑,是阶级矛盾不可调和的产物,"是阶级的统治机关"[3]。在阶级社会中,为了维护社会共同体的秩序、安全、主权和稳定,占统治地位的阶级为了实施阶级统治而设置的强大政治机构,其基本构成要素为:制定政策和法律的立法机关,执行政策和实施管理的行政机关,镇压内部反抗和抵御外敌的司法、军事、警察机关等。祖国具有民族性、自然性的意义,而国家具有政治性、阶级性的意义。国家作为一种强大政治机构,除了具有阶级统治工具的职能,还具有

---

[1] 转引自邓以新:《爱国主义教育:思想政治教育的永恒主题》,载《思想政治教育》1999年第12期。
[2] 陈明红:《论经济全球化与爱国主义》,南京师范大学2004年硕士学位论文。
[3] 《列宁选集:第3卷》,人民出版社1995年版,第76页。

管理社会经济文化生活和维护国家主权的职能,是阶级社会中祖国这一社会共同体的重要组成部分之一。

从政治学的角度去分析爱国主义主要是从国家出发的。自国家出现之后,国家观念就被从两个方面强化。一方面,国家是一定民族内一部分人对另一部分人的统治权力的象征和实质性的统治力量,统治者要求所有人都服从国家的权威。这种以全民族名义存在的权威组织保障了民族内部秩序和社会稳定。因而,国家成为一定民族在阶级社会中生存和发展的重要条件。而个人对国家的认同,不只是"国家"这个符号的认同和获得民族国家之成员身份,还是"自己在整个存在有生死攸关意义的层次上与国家发生关系,国家组织深入到人的人身存在和他的存在形式"①。基于此,人类社会的发展进程巩固了人们对国家的崇拜,并进而造成他们对特定国家组织的崇拜,以及近乎迷信的依恋感。另一方面,民族之间的矛盾也求助于国家这一机器来解决。国家贫弱,其民必受辱,古往今来,概莫能外。为此每个民族都建立和巩固对自己国家的尊崇感。因此爱国成为特定的民族精神,爱国主义就其本质来说,已经不仅仅是一种对祖国山河的自然之情,已上升为一种政治情感。这种情感是从对国家政权的崇拜中产生出来的,并被统治阶级有意识地加以培养和巩固,从而具有了一定的阶级性。

我们不能把爱祖国和爱国家简单地混同起来,不能误认为爱国家就是爱祖国的全部内容,而放弃对故土和人民的爱;同样,我们也不能只讲对故土和人民的爱,却不讲对国家的爱。有学者认为:"'爱国主义是全民族国家人民的共识、共同感情。'它的本质是'维护全民族国家人民的最高利益',包括领土主权完整、国家振兴、民族昌盛。它决不专为某一阶级利益服务而和其他阶级利益对立。它本身体现的是民族性,而不是阶级性。否则它就不是真正的爱国主义。"②但历史上从来不存在无阶级性、无

---

① [德]弗里德里希·李斯特著,陈万煦译:《政治经济学的国民体系》,商务印书馆1961年版,第109—110页。
② 徐梁伯:《爱国主义新论》,载《长白学刊》1998年第4期。

社会制度的国家,爱国总是指爱某一个特定的国家。因此,笔者认为把爱国主义与国家的阶级属性和特定的社会制度分割开来的观点当不可取,这违背客观规律和历史事实。

第二节　隐性德育浅析

中共中央多次发出指示,要求加强和改进德育工作,强调指出,青少年是国家和民族的未来,教育和培养好他们是社会主义建设事业的奠基工程,也是广大人民群众的期望和心愿。青少年的思想道德和科学文化素质如何,直接关系到21世纪中国的面貌,关系到我国社会主义现代化建设战略目标能否实现,关系到能否坚持党的基本路线一百年不动摇,并要求人们必须站在历史的高度以战略的眼光来认识新时期德育工作的重要性。

影响青少年道德发展的因素是多方面的。如何真正落实德育,使德性修养真正成为个体自觉的追求,需要从显性的德育课程建设和隐性的德育工程建设两方面共同入手。这样才能既注重道德知识的学习和道德信念的培养,又注重道德行为习惯的养成,德育目标才能实现。任何淡化、弱化隐性德育的教育倾向都可能导致青少年德性修养水平的下降。

一、隐性德育的内涵

"德育是教育者根据一定社会和受教育者的需要,遵循品德形成的规律,采用言教、身教等有效的手段,通过内化和外化,发展受教育者的思想、政治、法制和道德几方面素质的系统活动过程"[①]。为了实现德育目标,德育工作者除了可以采取明确直接的、带有预设目标的外显方式开展德育教育活动之外,还可以采取跟上述方式相反的方法对被教育者进行思

---

① 鲁洁,王逢贤:《德育新论》,江苏教育出版社1994年版,第95页。

想道德教育。而后者这种不露痕迹的思想道德教育方式,就是我们通常所说的隐性德育。它是教育主体在某种环境中获取无预设目标的非预期经验的教育过程。所谓环境陶冶说的就是外界环境(包括自然条件和社会条件)对人的品格的形成起着潜移默化的陶冶作用。

(一)西方近现代隐性德育思想

早期美国进步主义教育家代表约翰·杜威(John Dewey)认为,学生从正式课程(即显性教育)中学到的知识仅仅是学习的一部分。除此之外,还有与此学习同时产生的经验,这是情意方面的学习,它有时比正式课程还重要。杜威的学生威廉·赫德·克伯屈(William Heard Kilpatrick)进一步发展了杜威的思想,提出"伴随学习"(concomitant learning)的概念。但他们的著作对隐性教育的现象只是略有涉及,而正式提出隐性教育这一观点的是美国教育学家和社会学家杰克逊(P. W. Jackson)。1966年他在其著作《课堂中的生活》(Life in Classroom)一书中提出了"潜性课程"的命题并做了较为系统的阐述。

杜威深刻地指出,学生的学习不只是正规课程,还学到了与正规课程不同的东西,例如与学习有关的态度、情感、价值、理想信念等情意方面的经验。杜威称这种学习为"附带学习"。他认为这种学习比语文、历史、地理等正式学科的学习更重要,对学生的未来生活具有根本性价值。克伯屈进一步发展了杜威的思想。他认为学习有三个阶段即正题学习、关联性学习和并行性学习。他认为,必须特别重视关联性学习,尤其是并行性学习的成果、社会性成果。所谓并行性学习就是不限于特定的学习情境,关系到一般的学习情境的学习,例如形成情绪、态度、理想、规范。① 可见,杜威和克伯屈的思想已经为后来的隐性德育研究打下了最初的基础。

自20世纪60年代开始,西方对隐性德育的研究逐步走向深入,成果斐然。

---

① 吴学军:《课程社会学》,南京师范大学出版社1999年版,第251—252页。

以西格蒙德·弗洛伊德(Sigmund Freud)为代表的心理学研究者认为,人的意识分为意识层和潜意识层两个层面。其中潜意识层又分为无意识层(unconscious)和前意识层(preconscious)。心理的基本部分和基本力量都来自鲜为人知的无意识领域。任何意识起作用的地方都受到无意识的缠绕,"自我不是自己家里的主人"。弗洛伊德的潜意识理论为隐性德育提供了理论基础。根据这一理论,我们可以充分利用"看不见的手",使学生产生处于无意识状态的愿望,通过环境的调动来塑造他们的良好思维方式和行为习惯。

美国教育家和心理学家阿尔伯特·班杜拉(Albert Bandura)的社会学习理论的观点则指出,有机体和环境之间总是存在着一个相互作用的过程,为此个人既影响环境,又同时受环境影响。人的"行为是他的个人因素以及环境因素作为决定因素而相互发生作用"[1]的结果,也就是说,个人和环境之间存在交互作用过程。班杜拉的社会学习理论告诉我们,人们通过观察学习可以学会复杂的行为,对外界做出情感反应,形成自己的思想观念,为此在道德教育过程中应十分重视周围榜样、社会环境的作用。

其他诸如结构功能主义学派、现象解释学派、西方马克思主义学派以及劳伦斯·柯尔伯格(Lawrence Kohlberg)"团体公正法"等均从不同维度探讨如何对个体在学习过程中和环境相互作用中进行隐性德育,具有一定的积极意义。总体而言,西方学者对隐性德育的研究大多集中倾向于如何把社会或者是统治阶级意识形态转化为学校课程形态,侧重在隐性德育的育德性方面。

(二)中国文化的隐性德育思想

儒家提倡教育者(包括社会、学校和家庭)主动创造优越的环境而使受教育者得以在有益的环境中健康成长。如孔子曾就择友的问题指出:

---

[1] [美]阿伯特·班杜拉著,郭占基等译:《社会学习心理学》,吉林教育出版社1988年版,第10页。

"益者三友,损者三友。友直,友谅,友多闻,益矣。友便辟,友善柔,友便佞,损矣。"(《论语·季氏》)而关于择处,孔子则曰:"里仁为美,择不处仁,焉得知?"(《论语·里仁》)其目的在于创造一个有益于道德修养的环境,以便"就有道而正焉"。荀子继承并发展了孔子的这一思想,说:"蓬生麻中,不扶而直,白沙在涅,与之俱黑。"(《荀子·劝学》)又说:"居楚而楚,居越而越,居夏而夏,是非天性也,积靡使然也。"(《荀子·儒效》)认为不同的环境可以塑造出不同品格的人,使得人"可以为尧禹,可以为桀跖,可以为工匠,可以为农贾,在执注错习俗之所积耳"(《荀子·荣辱》)。可见,环境这个潜在的德育因素对人的品格形成作用巨大。

墨子也认为人的道德品格是由后天习染而成。他以染丝为喻,认为"染于苍则苍,染于黄则黄"(《墨子·所染》),指出人是生活在一定的环境中的,不可避免地要受到环境的熏陶,长久以往,就会塑造出不同品格的人。所以墨子进一步主张人们慎重"所染",要结交道德高尚之人。因"其友皆好仁义,淳谨畏令,则家日益,身日安,名日荣,处官得其理矣";反之,"其友皆好矜奋,创作比周,则家日损,身日危,名日辱,处官失其理矣"(《墨子·所染》)。意思就是说,一个人所交的朋友都爱好仁义,淳朴谨慎,慑于法纪,那么他就会受到好的感染,就会顺利取得事业的成功和家庭的幸福,也就合于正道;如果朋友都不安分守己,结党营私,就会受到不良的影响,导致事业和家庭受损失。这就是"正道之染"与"邪道之染"的区别。墨子以段干木、禽子、傅说等贤人及子西、易牙、竖刀等佞人为例进行举证说明。墨子的"习染论"类同于"性相近,习相远"思想,肯定了环境潜移默化对人们的思想品德有不容忽视的影响。

中国历来非常重视环境对于人的道德品性的塑造。除了智者先贤深入研究之外,更把这种精神贯彻到人们的日常生活当中。众人所熟知的《三字经》首段内容:"人之初,性本善,性相近,习相远。苟不教,性乃迁,教之道,贵以专。昔孟母,择邻处,子不学,断机杼。窦燕山,有义方,教五子,名俱扬。养不教,父之过,教不严,师之惰。"说的就是如何正确利用环境教育青少年。作为国学启蒙读物的《三字经》自南宋一诞生，便以其通俗易懂、短小精悍、朗朗上口、极易成诵的特点深受民众的喜爱，传唱近千年，荣盛不衰，甚至被誉为"熟读三字经，便可知天下事，通圣人礼"。如今的《三字经》已经走出中国，走向世界。在英文、法文译本相继问世后，1990年新加坡出版的英文新译本更是被联合国教科文组织选入"儿童道德丛书"，在全世界范围推广。

（三）马克思主义隐性德育思想

马克思主义哲学中关于辩证联系的观点为隐性德育研究提供了整体思维的方法。

首先，马克思主义哲学关于人的本质、人的主体性和人的全面发展的思想为隐性德育的设计、存在必要性、功能以及能动实施等问题提供了理论基础。马克思主义认为，"人的本质并不是单个人所固有的抽象物，在其现实性上，它是一切社会关系的总和"[①]，"人类的特性恰恰就是自由的自觉的活动"[②]，"被束缚的个性如得不到解放，就没有民主主义，也没有社会主义"[③]，"每个人的自由发展是一切人的自由发展的条件"[④]。对"人"的重视，肯定人的价值，强调人的主体地位和人的个性自由而全面的发展，是马克思主义人学理论的重要内容。它以科学的历史观和唯物史观作为理论支撑，超越了思想史上其他的人本质观，实现了唯物、辩证的历史观变革，为探讨隐性德育的提供了重要理论前提。

其次，马克思主义关于"环境创造人"的思想为隐性德育提供了理论前提。环境创造了人的社会属性和人的意识。物质生产的活动是第一位的历史活动，人的意识在物质生产活动以及与之相联系的社会关系中得以形成和发展。"意识一开始就是社会的产物，而且只要人们还存

---

① 《马克思恩格斯选集：第1卷》，人民出版社1995年版，第60页。
② 《马克思恩格斯选集：第2卷》，人民出版社1961年版，第245页。
③ 《毛泽东书信选集》，人民出版社1983年版，第239页。
④ 《马克思恩格斯选集：第1卷》，人民出版社1995年版，第294页。

在,它就仍然是这种产物"①,而且在生产中形成的思想观念随着人们的物质活动、物质关系的变化而变化,"那些发展着自己的物质生产和物质交往的人们,在改变自己的这个现实的同时也改变着自己的思维和思维的产物"②。意识活动始终反映的是现实的社会关系与生产力之间的关系。因此,马克思主义的"环境创造人"思想包含着深刻的隐性德育内涵。

对于隐性德育而言,如何把道德教育的内容渗透到社会、学校和家庭的教育机制之中,让受教育者在良好的环境中去感受和领悟并实现自我提升,从而引导受教育者踏上正确的人生旅途,进而培养他们成为具有高尚情操、优良品质、远大理想的人,就是当前摆在广大德育理论工作者和所有教师面前的一个十分迫切的问题。毛泽东指出:"儿童时期需要发展共产主义的情操、风格和集体英雄主义的气概,就是我们时代的德育"③,还强调"一个革命青年要抱有宏图大志","牢固树立全心全意为人民服务的思想"④。道德教育的意义其实无他,就是要让每个人的道德生命在生活实践中得以"诗意的栖居"⑤。

---

① 《马克思恩格斯选集:第3卷》,人民出版社1960年版,第34页。
② 《马克思恩格斯选集:第3卷》,人民出版社1960年版,第30页。
③ 谢华:《红色书写:毛泽东题写报刊名轶事》,人民日报出版社2012年版,第218页。
④ 毛岸青,邵华:《我们的父亲毛泽东》,中国工人出版社2014年版,第416页。
⑤ 出自德国诗人荷尔德林:"如果人生纯属辛劳,人就会仰天而问:难道我所求太多以至无法生存?是的。只要良善和纯真尚与人心为伴,他就会欣喜地拿神性来度测自己。神莫测而不可知?神湛若青天?我宁愿相信后者。这是人的尺规。人充满劳绩,但还诗意地安居于大地之上。我真想证明,就连璀璨的星空也不比人心纯洁,人被称作神明的形象。大地之上可有尺规?绝无。"([德]海德格尔著,郜元宝译:《人,诗意地安居》,上海远东出版社1995年版,第93页)约翰·克里斯蒂安·弗利德里希·荷尔德林(Johann Christian Friedrich Höelderlin),德国浪漫派文学的杰出代表,德国最伟大的诗人和作家之一。与众多天才大家一样,生前名不见经传,后由于现代诸多思想家和文论家如海德格尔(Martin Heidegger)、狄尔泰(Wilhelm Dilthey)等的推崇,迅速成为广泛研究和深入讨论的热点。海德格尔在世时就毫不掩饰自己对荷尔德林及其诗歌的喜爱,热情地礼赞荷尔德林为"诗人中的诗人"(孙周兴选编:《德格尔选集:上》,生活·读书·新知上海三联书店1996年版,第310—311页),并在一生写下了大量的著作,来系统详尽地阐述荷尔德林诗的思想内蕴与精神旨趣。这些著作目前收入《海德格尔全集》中的第4、7、13、39、52、53、75卷等。

二、隐性德育的特征

隐性德育的特征主要表现在以下几个方面。

（一）主体的自觉性和载体的分散性

隐性德育与显性德育不同之处就在于，它把受教育者作为道德教育的主体来看。这个主体是具有价值的、能动性的、实践性的，具有创造能力的主体。受教育者对信息的接受处于一种自觉状态，所要传授和影响的教育信息隐藏在环境与榜样中，其呈现方式不存在硬性地要求受教育者必须接受。

隐性德育的载体丰富分散、随处可见。它可以以自然景观为载体，也可以以人文环境为载体；可以以课堂教学为载体，也可以以课外活动为载体；可以以舆论导向为载体，也可以以规章制度为载体；可以以人际关系为载体，也可以以人格魅力为载体；可以以文化氛围为载体，也可以以网络空间为载体；可以以校园环境为载体，也可以以家庭生活为载体；可以以文艺演出为载体，也可以以竞赛活动为载体；可以以理论学习为载体，也可以以社会实践为载体；等等[1]。这种载体的分散性给隐性德育的开展带来了很大的灵活度。

（二）影响过程的实践性与潜在性

马克思指出：人的"全部社会生活在本质上是实践的"[2]。隐性德育的目的就是通过一定的实践促使人内化了的道德规范逐渐外化为现实的存在，直至实现人的自由全面的发展，为此隐性德育的教育过程多具实践性。因其涉及生活的不同层面，更容易与人的思想产生共鸣，如可以通过开展志愿活动，深入社区与乡村体验生活；通过参加社会实践来了解社会、了解实际；利用现代科技手段，把社会各种德育资源设计成网络信息，

---

[1] 肖兴国：《略谈隐性德育的内涵、特征及功能》，载《邵阳学院学报（社会科学版）》2006年第4期。
[2] 《马克思恩格斯选集：第1卷》，人民出版社1995年版，第56页。

使德育生动化、形象化,同时开展网上交流和心理咨询,增加德育的吸引力等,从而为受教育者积极创造隐性德育相关条件,使受教育者得以锤炼思想,陶冶情操。

隐性德育的传输机制主要是通过信息暗示发挥作用。所谓信息暗示,就是在无对抗条件下,用某种间接的方法影响人们的心理和行为,从而引导人按照既定方式去行为的过程。在这个过程中,信息传递的潜在性与间接性与接受者的无意识、自愿性是信息暗示得以存在的基础。这也正是隐性德育最突出的特征。

(三)影响效果的持久性与广泛性

一个人道德行为的养成,需要经过道德认识、道德情感、道德意志、道德行为四个基本过程。这四个过程都可以通过隐性德育来实现。

隐性德育应当运用多种形式把教育内容寓于载体之中,使这些形式论道而不说教,生动而不空洞,娱乐而不庸俗,用受教育者喜闻乐见的方式去"润物细无声",经过日积月累的培养和潜移默化的影响,在受教育者心灵深处逐渐形成一些良好的品质。

除了课堂正式学习的东西之外,隐性德育可以借助学校、家庭、社会生活中各种场面、各种因素,使之成为受教育者的学习内容。内容不拘一格,形式多种多样,让受众既有"知"的教育,也有"行"的实践,并且实现从"知"到"行"转化,提倡"知""行"的一贯性,以培养各种能力。隐性德育影响的广泛性这一特征是培养跨世纪人才的重要途径。

三、隐性德育的功能

隐性德育反映和传播的是一种内隐的文化,它在整个德育工作中具有如下功能。

(一)导向发展功能

隐性德育主要通过社会、学校以及家庭环境和各种活动等载体,继承和发扬具有正面意义的价值观念、知识体系、道德标准、行为范式以及各种文化传统,弘扬爱国主义、集体主义、社会主义的主旋律,促进青少年高尚道德情感的形成,从而树立正确的人生观、世界观和价值观,实现对青少年个体精神、心灵性格的塑造。

隐性德育通过内隐文化与外显文化的相得益彰,可以吸引广大青少年全身心地投入各种活动,不断提升文化素质、心理素质、人格素质和道德素质,有力地促进青少年智力的开发、创造能力的培养、社会组织能力和各种工作能力的发展与提高。

(二)凝聚完善功能

优秀的校园文化是隐性德育最好的载体,能够产生强烈的向心力、内聚力和群体意识,如正确的目标、远大的理想、坚定的信念和良好的价值导向等。许多报考名校的学生及其家长,就是被这些学校良好的社会形象和优良的校风、教风、学风所吸引。良好的社会形象体现出学校的内在精神,虽然望之无形,听之无声,但它对学生却有巨大的吸引力。在这种特定的文化环境中,可以让青少年无论从学习到生活,从课堂到课外,从思想到灵魂,都能得到良好的隐性德育内容的渗透和熏陶。它是学校长期办学理念和教育思想的积淀与凝结、提纯与升华后的结果,能唤起和激发师生对校园文化的情感回归。

完善功能即完善青少年的人格。伦理学所讲的人格是一个人内在的道德素质与外显的道德行为的统一,是其道德尊严、价值和品格的综合体现。理想的道德人格具有崇高的价值,是一种人生追求的目标,具有巨大的感召力、号召力、凝聚力和辐射力,能鞭策人们不断进步。隐性德育在完善学生人格方面发挥着重要作用。特定的文化精神和价值观可以通过各种载体转化为个人内在的品质,使其渗透于个人的心理和行为,化为健康的人格精神的内驱力。

(三)审美陶冶功能

隐性德育可以帮助青少年提升美的情感体验,实现道德教育的审美渗透。审美直接作用于人的感性、情感层面,就是通过在美的感受与欣赏中激励、熏陶、感染和化合，影响人的心理变化、情感走向、道德世界、精神面貌和价值取向，使人的精神得到抚慰，灵魂得到净化，品格得到完善，境界得到升华。个体在审美过程中往往体现出"非功利性"，但在这种直接形式的背后却隐含着社会的功利目的，蕴藏着更为广阔深远的社会价值和社会意义。作为隐性德育的审美载体，表面看来似乎是纯粹的娱乐、游戏、观赏活动，然而，正是这种没有明确说教的形式，可以使青少年有兴趣长期置身其中，熏染陶冶他们的情感、意志和性格，从而潜移默化出具有高尚道德情操和优良文化素养的心灵。隐性德育这种巨大深邃的功能意义是显性德育手段无法取代的。

陶冶式德育是隐性德育最有效的构建模式之一，通过营造健康、明朗、乐观、向上的文化氛围和教育环境，开展各种为青少年所喜闻乐见的文化艺术活动，寓教于境、寓教于情、寓教于乐，创造和形成积极向上、规范有序、健康有益、文明和谐的文化氛围，使学生在良好的文化环境中健康成长，在耳濡目染、潜移默化中受到思想道德的熏陶和渗透，不断净化和升华自己的心理素质、道德情操、行为品质。

第三节　根植爱国主义教育于隐性德育

今天，中华民族正前所未有地接近世界舞台中央，而世界则处于百年未有之大变局。爱国主义仍旧是最基本的素质要求。通过隐性德育的方式对国民尤其是青少年加强爱国主义教育，增强民族凝聚力，有利于推进我国中国特色社会主义现代化建设，促进祖国统一大业，有利于国民在面对日益复杂化、多样化的社会意识形态中选择主流价值观，把握成长方向。

一、在隐性德育中优化爱国主义教育主题

爱国主义教育是思想道德建设永恒的主题，也是隐性德育的重要内

容。习近平总书记在纪念五四运动100周年大会上指出:"要热爱伟大祖国,听党话、跟党走,胸怀忧国忧民之心、爱国爱民之情,以一生的真情投入、一辈子的顽强奋斗来体现爱国主义情怀,让爱国主义的伟大旗帜始终在心中高高飘扬。"要胸怀祖国、放眼世界,从中华优秀传统文化中、革命文化中、社会主义先进文化中领会爱国主义的丰富内涵,激发献身强国事业的满腔热情。在当代中国,建设和发展中国特色社会主义是新时期爱国主义的主题。新时期的爱国就是要为建设中国特色社会主义事业、实现中华民族伟大复兴而奋斗。

(一)学史明智

"只有精忠能报国,更无乐土可为家",爱国是一种自觉,爱国的自觉是最为深刻的自觉。必须通过有效的隐性教育方式,引导国民尤其是青少年正确认识我们国家的历史和现状。

作为一个历史范畴,爱国主义在社会发展的不同阶段、不同时期有不同的具体内涵。屈原"哀民生之多艰",情系国家兴衰,心忧子民艰难;范仲淹"先天下之忧而忧,后天下之乐而乐",忧国忧民,以国为重;陆游"位卑未敢忘忧国",鞠躬尽瘁,死而后已;顾炎武"天下兴亡,匹夫有责",振聋发聩,警醒世人。但无一例外的是,仁人志士一致认为对祖国的爱亦如对母亲的爱,是一种天然有之的朴素情感,是不需要任何客观理由的自觉的爱,总是自觉地把自己的存在与国家的存在视为一体。热爱自己的国家是人性的自觉表现和终生为之忘我奉献的伟大目标。所以,才会有"王师北定中原日,家祭无忘告乃翁"的临终谆谆嘱咐,这就是爱国的自觉。

特别要通过学习中国近现代史、中共党史,了解中华民族近两百年来的苦难史和革命斗争史,尤其是百年来中国共产党领导人民谋求国家独立和民族解放而英勇奋斗的历史,更加珍惜今天来之不易的社会主义成果,培养热爱祖国的高尚情操。

热爱自己的国家,为她寻求光荣和福祉是天经地义的人之常情,是现代公民的基本美德之一。要弘扬中华民族的伟大民族精神,树立民族自尊心和自豪感。要看到自己民族的优点和长处,把爱国主义同狭隘的民族主义区别开来。

(二)习德增信

"长风破浪会有时,直挂云帆济沧海",爱国是一种信仰,爱国的信仰是最无可置疑的信仰。必须通过有效的隐性教育方式,教育和引导国民尤其是青少年把热爱祖国、热爱社会主义和热爱共产党统一起来。

邓小平同志曾深刻地指出:"有人说不爱社会主义不等于不爱国,难道祖国是抽象的吗?不爱共产党领导的社会主义的新中国,爱什么呢?港澳、台湾、海外的爱国同胞,不能要求他们都拥护社会主义,但是至少也不能反对社会主义的新中国,否则怎么叫爱祖国呢?"[①]江泽民同志也曾指出:"爱国主义有鲜明的时代特征。在今天,我们讲爱国就是要爱社会主义祖国,拥护中国共产党的领导,把个人理想和事业融汇于祖国的社会主义现代化建设的伟大事业中。"[②]

新时期的爱国主义最重要的是表现为热爱社会主义制度,拥护中国共产党的领导,热爱社会主义的改革开放,把个人的理想和事业融汇于祖国的社会主义现代化建设事业中。习近平总书记曾在不同场合多次强调,"爱国主义是我们民族精神的核心,是中华民族团结奋斗、自强不息的精神纽带"[③]。他指出:"爱国主义是具体的、现实的。在当代中国,弘扬爱国主义就必须深刻认识到,中国共产党领导和中国社会主义制度必须长期坚持,不可动摇;中国共产党领导中国人民开辟的中国特色社会主义必须长期坚持,不可动摇;中国共产党和中国人民扎根中国大地、借鉴人类文明优秀成果、独立自主实现国家发展的大政方针必须长期坚持,不可动摇。我们要增强中国特色社会主义道路自信、理论自信、制度自信、文化自信,坚

---

① 《邓小平文选:第2卷》,人民出版社1994年版,第392页。
② 《毛泽东邓小平江泽民论思想政治工作》,学习出版社2000年版,第125页。
③ 习近平:在纪念五四运动100周年大会上的讲话,新华网(2019-4-30),http://www.xinhuanet.com/politics/leaders/2019-04-30/c_1124440193.htm.

定不移沿着中国特色社会主义道路守护好、建设好我们伟大的国家"①。

加强新时代爱国主义教育,要增强"四个意识"、坚定"四个自信"、做到"两个维护",使爱国主义成为全体中国人民的坚定信念、精神力量和自觉行动。要把握时代主题,引导人们深刻认识中国梦的本质是国家富强、民族振兴、人民幸福,激发全体人民爱党爱国爱社会主义的巨大热情,凝聚奋进新时代、实现民族复兴的磅礴伟力。要坚持全员全过程全方位育人,在广大青少年中开展深入、持久、生动的爱国主义教育,让爱国主义精神牢牢扎根。

(三)深植情怀

"繁霜尽是心头血,洒向千峰秋叶丹",爱国是一种情怀,爱国的情怀是最为深厚的情怀。必须通过有效的隐性教育方式,教育和引导国民尤其是青少年建构大爱无疆,首是爱国的情怀。

情怀是一种民族禀性、一种文化禀赋、一种人格特质。中华民族是一个爱国主义情怀鲜明的民族,中国文化是一种爱国主义情怀丰富的文化,中华儿女是一群爱国主义情怀深厚的最可爱的人。在中华民族几千年的历史长河中,无数仁人志士正是在家国情怀的感召之下而立不世之功、而成千秋伟业、而创万古传奇。南宋名将岳飞一首《满江红》成为抒发爱国情怀的千古绝唱,激励了世世代代的华夏儿女奋发图强、建设河山;新民主主义革命时期的方志敏用《可爱的中国》表达了赤胆忠心的革命家气壮山河的爱国主义情怀。爱国情怀比天高、比海深。②

(四)知行合一

"为有牺牲多壮志,敢教日月换新天",爱国是一种力量,爱国的力量是最无坚不摧的力量。必须通过有效的隐性教育方式,教育引导国民尤

---

① 《习近平在纪念孙中山先生诞辰150周年大会上的讲话》,人民日报2016年11月12日。
② 叶子鹏,王财忠:《将爱国主义写在青年奋进的旗帜上——学习习近平总书记在纪念五四运动100周年大会上的讲话》,中国青年网(2019-5-2),https://pinglun.youth.cn/wztt/201905/t20190502_11942689.htm。

其是青少年把爱国转化为实践,把对祖国的深情厚谊转化为报效祖国的实际行动。

爱国的力量仿如有源之水,流之不竭,爱国的底气才似有本之木,直冲霄汉。爱国的力量是精神的强力之表现,毛泽东同志所讲的精神原子弹,是爱国力量最生动形象的表达;人民的好总理周恩来十六岁便立志"为中华之崛起而读书",是爱国给予的奋斗力量;上甘岭上黄继光用血肉之躯堵住了美帝国主义的枪口,是爱国激发的杀敌力量;大科学家黄大年在祖国的事业面前"俯首甘为孺子牛",是爱国赋予的奉献力量。①

习近平总书记谆谆教导广大青年,爱国,不能停留在口号上,而是要把自己的理想同祖国的前途、把自己的人生同民族的命运紧密联系在一起,扎根人民,奉献国家。保持清醒的头脑,要把国家主权与安全放在第一位,自觉地维护国家的统一、民族的团结和人民的利益。紧紧抓住经济全球化加速发展这个难得的机遇,通过参与经济全球化进程,学习发达国家的先进技术和先进经验,努力分享经济增长的利益,优化我国的资源配置,最大限度地提高自己的经济效益,增强我们的自力更生能力,加快国家发展。

培养国民尤其是青少年的世界眼光和国际意识,把爱国主义与国际主义结合起来。热爱人类创造的一切优秀成果,热爱和平与发展。汉朝张骞怀揣报国之志开辟丝绸之路,为中华民族乃至世界人民的发展立下了汗马功劳。习近平在不同场合多次强调指出,中国人是讲爱国主义的,同时也是具有国际视野和国际胸怀的。随着国力不断增强,中国将在力所能及范围内承担更多国际责任和义务,为人类和平与发展做出更大贡献。中国将坚定不移走和平发展道路。我们也希望世界各国都走和平发展道路,国与国之间、不同文明之间平等交流、相互借鉴、共同进步,齐心

---

① 叶子鹏,王财忠:《将爱国主义写在青年奋进的旗帜上——学习习近平总书记在纪念五四运动100周年大会上的讲话》,中国青年网(2019-5-2),https://pinglun.youth.cn/wztt/201905/t20190502_11942689.htm。

协力推动建设持久和平、共同繁荣的和谐世界。

二、在隐性德育中构建爱国主义教育方式

积极改进隐性德育的教育内容、方法和形式,把传授知识同陶冶情操、养成良好的行为习惯结合起来,积极培养国民的爱国主义思想。

(一)建设现代教育新关系

构建现代方式的和谐的家庭家风,培养成员的能动性。习近平在谈到家风时指出,要"推动形成爱国爱家、相亲相爱、向上向善、共建共享的社会主义家庭文明新风尚"①。其一,家庭中的每一个个体都是家风建设的主体。家风在个人成长过程中发挥重要的作用,积极向上的良性家风能够对个人成长、成才发挥正向推动作用,而颓废向下的家风则会对个人成长产生不良影响,甚至会贻害子孙,遗臭万年。"良好的家风作为一种精神力量,它既能根据它的要求,在思想道德上约束它的成员,又能促使家庭成员在一种文明、和谐、健康、向上的氛围中不断发展"②。从而营造"与善人居,如入芝兰之室,久而不闻其香,即与之化矣"③的家庭氛围。其二,与时俱进往往是好家风应具备的特性。家庭是个人走向社会的起点,家风对个人为人处世的影响最直接、最深刻。在新的时代背景下,处于社会关系中的个体,更需要与时俱进的家风以实现自身为人处世方式的提升。在优良家风的引领下,个体才能行得端、做得正、明原则、守底线④,为此,"我们要重视家庭文明建设,努力使千千万万个家庭成为国家发展、民族进步、社会和谐的重要基点,成为人们梦想启航的地方"⑤。

构建现代方式的和谐的师生关系,发挥学生的主体性。教师必须更

---

① 《新时代公民道德建设实施纲要》,载《人民日报》2019年10月28日。
② 罗国杰:《社会主义道德体系研究》,中国人民大学出版社2018年版,第381页。
③ 《孔子家语》,吉林人民出版社2005年版,第124页。
④ 李佳娟:《新时代家风构建研究》,苏州大学2020年博士学位论文。
⑤ 习近平:《在会见第一届全国文明家庭代表时的讲话》,载《人民日报》2016年12月16日。

新德育观和学生观。教师不应始终以一个道德先知者和道德完善者的身份出现在学生面前。在当今信息化和价值多元化的社会背景里,"弟子不必不如师,师不必贤于弟子"的现象更加普遍。新一代有强烈的主体意识、平等意识,乐于接受新事物,从而更具有生命力。他们的身上有许多值得成人学习的优点。甚至有时候他们有比成人更强的道德意识,有一些新的道德观念。教育者绝不能漠视或小看这些观念,因为其中可能就包含着新的社会新的生产方式、生活方式的萌芽。为此有人甚至提出"向孩子学习,两代人共同成长"①。美国人类学家玛格丽特·米德(Margaret Mead)所讲的"后喻文化"现象即指长辈反过来向晚辈学习②。

道德教育并不只是教育者使受教育者社会化,其实"信息化社会决定了两代人的双向社会化,成人'化'孩子,孩子'化'成人"③。教育者可以用自己的人生经历和稳定的道德观帮助感化与引导受教育者,帮助其实现品德的自我建构。同时从受教育者身上汲取新知识、新观念和新思想,完善和发展自身的人格,在德育过程中营造出一种平等、尊重、和谐的新型教育关系,构筑"双赢"局面,增强德育(包括隐性德育)的实效性。

(二)打造隐性德育新内容

道德渗透于生活的方方面面,为适应时代的发展和要求,当前亟须打造隐性德育的新内容。我们可以设想一个没有道德的生活世界,但绝不可能存在一个无生活的道德世界。

要体现时代性。隐性德育的内容选择既要突出包含人类基本价值规范和中华民族传统美德,又要体现时代特色和道德取向。人类社会发展中的共性道德价值是为人类所共同认可的,如正义、诚实等相对恒定的德目,虽然有历史的、民族的、文化的差异,但它包含着相同的精神财富和价

---

① 孙云晓:《向孩子学习》,晨光出版社1998年版,第200页。
② [美]玛格丽特·米德著,周晓虹等译:《文化与承诺:一项有关代沟问题的研究》,河北人民出版社1987年版,第27页。
③ 孙云晓:《向孩子学习》,晨光出版社1998年版,第200页。

值取向,要作为隐性德育的重要内容。中华民族传统美德是中国丰富而宝贵的道德文化资源,是中华民族优秀品质、优良精神、崇高气节和良好礼仪的总和,要通过学习来传承给下一代。同时还要把人类基本价值规范和传统美德与当代社会文化、社会生活很好地结合起来,找准时代的契合点。

要注重生活性。任何道德规范和准则都是从丰富的道德生活中提炼而来,所以具有一定抽象性。要使受教育者能够接纳这些规范,则必须还原到特定的生活情境。为此现代道德教育强调回归生活。只有这样才能避免道德的"高高在上",让受教育者亲身感受到自身周围真实的道德榜样,从而自觉地内化准则、践行道德。

要把握层次性。德育的内容实施要有层次性,找准逻辑起点。德育基本内容包括社会主义的思想教育、政治教育、法制教育、道德教育和心理教育等五个层次。其中心理教育是最基础的层次,依次递进。低一层次的教育要以高层次上的教育为指导并向其发展和提高,高一层次的教育要以低层次的教育作为基础。正如《关于进一步加强和改进未成年人思想道德建设的若干意见》所指出的:"对小学生重点是规范其基本言行,培养良好习惯。对中学生重点是加强爱祖国、爱人民、爱劳动、爱科学、爱社会主义教育,引导他们树立正确的理想信念和世界观、人生观、价值观。"这种层次要求才符合教育对象的身心发展实际状况。

(三)开发隐性德育新途径

教育家约翰·菲力特力赫·赫尔巴特(Johann Friedrich Herbart)曾经指出:"我不承认有任何'无教育的教学'","教学如果没有进行道德教育,只是一种没有目的的手段"[①]。

以学校德育工作为例,除了"思想品德课""思想政治理论课"等对学生进行直接道德教育的课程外,要利用其他各门学科蕴藏的德育资源进

---

① 张焕庭:《西方资产阶级教育论著选》,人民教育出版社1964年版,第257页。

行间接道德教育。在传授学科知识的同时,帮助学生获得积极的情感和价值观。有学者从学生道德学习角度出发进行探索,提出了一种体验式课程学习模式,包括"情境感受""活动体悟""价值辨析""道德反思"等基本环节①。

学科教学必然是隐性德育的重要途径,对培养学生良好的思想品德素质具有重要作用。"借助于学科优势水到渠成地进行道德教育,既是开发学科教育资源的需要,也是淡化教育痕迹、提高德育艺术性,实现道德内化效力的必由之路"②。

语文、历史等人文学科包含大量的人文思想内容,最易于具体、形象、生动地对学生进行热爱祖国、热爱中国共产党、热爱社会主义的教育。要通过教学,帮助学生了解中国古代科学技术、文化艺术方面的一些重大成就和对人类的杰出贡献;近代史上帝国主义列强野蛮侵略中国的主要罪行以及中国人民受欺凌的主要史实;中国人民抵御外侮、捍卫中华的重大斗争和一些仁人志士、革命先烈的事迹;中国人民在中国共产党的领导下,为建立新中国英勇奋斗的主要史实和社会主义建设的重大成就。教育学生学习中华民族的光荣传统和中国共产党的革命传统,激发他们的爱国情感,增强民族自尊心和自豪感。

数学、物理、化学、地理等自然学科同样隐含着丰富的德育资源。地理常识教学易于具体、形象地对学生进行国情教育。要通过教学帮助学生了解祖国和家乡的自然环境与建设成就,激发爱祖国、爱家乡的感情,了解中国是一个统一的多民族的国家,各民族一律平等,要共同维护祖国统一。自然常识教学要在讲授自然常识的同时对学生进行热爱科学、反对迷信的教育,培养学生尊重科学、相信科学的精神和学科学、用科学的志趣及能力。

---

① 王健敏:《道德学习论》,浙江教育出版社2002年版,第128页。
② 王健敏:《道德学习论》,浙江教育出版社2002年版,第151页。

音乐、美术等艺术学科可以陶冶学生情操,提升审美素养,唤起学生对真善美的感受和追求。音乐、美术教学要充分发挥艺术教育寓教于乐、生动形象、感人的优势,向学生展示中华民族的优秀艺术传统,培养健康的审美情趣,陶冶情操,增强学生的民族自豪感,激发热爱祖国、热爱中国共产党的感情。体育教学要在锻炼体育技能、开展技巧训练的同时,培养学生良好的卫生习惯、锻炼身体的习惯以及朝气蓬勃、不怕困难、勇敢顽强的精神,并通过体育活动进行集体主义教育,培养集体荣誉感、组织纪律性和合作精神。

为此,各科任课教师要"按各科自身的教学特点,自觉地、有机地在课堂教学中渗透思想品德教育",使各学科教学成为"向学生进行思想品德教育最经常的途径"[1]。

---

[1] 国家教育委员会:《小学德育纲要》1993年3月26日。

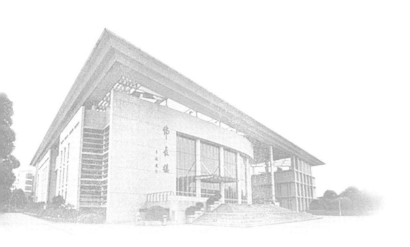

第二章 钱伟长爱国主义教育思想成因溯源

> 以身许国,何事不可为?
>
> ——岳飞

一个人的思想形成,从来不是"无源之水,无本之木"。深入发掘钱伟长爱国主义教育思想的形成因素,基本上可以归结为中华爱国传统文化奠定思想基础;时代社会发展形成直接动因;个人理论积淀决定思想层次高度。

第一节 中华传统文化奠定思想基础

钱伟长爱国主义教育思想的形成,与社会大背景之间有着密切的关系。历史悠久的中华传统文化、富有特色的江南文化以及风云变幻的近代中国社会为他的思想形成奠定了历史条件和社会基础。

一、中华传统爱国主义思想的历史传承

爱国主义思想是我国优良的传统,是我们最可宝贵的精神财富。长期的历史实践证明,作为意识形态的爱国主义思想,对中华民族的历史发

展进程有着巨大的积极影响。

中华民族的爱国主义传统源远流长。追本溯源可知,早在奴隶制国家出现以前,远古祖先就在发展生产、改造自然的过程中,对自己赖以生息繁衍的土地产生了依恋之情,并演化出保卫自己氏族、部落不受侵犯的团结御侮精神。这种精神成为中华民族爱国主义的最早源头。"公元前六七十年到公元后二百年(奴隶社会末期到封建社会初期)之间,爱国的观念在中华大地上就已经发展起来"①。例如,《战国策》中提及"周君岂能无爱国哉";《汉纪·惠帝纪》载东汉献帝时即有"亲民如子,爱国如家"的说法。虽然几千年以来,这种传统爱国主义思想带有鲜明的"家国一体、国族一体"②的历史时代性,"在春秋以至于明清时代,爱国主义思想表现为华夷之辨,亦为夷夏之辨"③,然而,传统爱国主义从来就是动员和鼓舞人民团结奋斗的一面旗帜,在维系中华统一,促进民族团结,抵御外来侵略和推动社会进步等方面发挥了重大作用。

"一部中华文明史,也正是一部爱国主义发展史"④。一代代中华优秀儿女,在爱国主义思想的激励下,为国家的兴亡和民族的发展前赴后继,奋斗不息。

这些中华骄傲之中,有当国家遇到外敌入侵时,为保家卫国而奋勇抗敌直至为国捐躯的无数英勇将士。汉将霍去病声言"匈奴未灭,无以家为"(《史记·卫将军骠骑列传》)。唐人戴叔伦"愿得此身长报国,何须生入玉门关"(《塞上曲》)。宋帅岳飞自幼即立"精忠报国"志向,愤呼"还

---

① 李奇:《坚持弘扬爱国主义精神》,载《光明日报》1990年2月5日。
② 曾凡远:《近代中国的民族主义与爱国主义》,南京师范大学2006年硕士学位论文,第40页。作者认为,传统爱国主义"具有历史时代性的鲜明特征,主要体现在两个方面:一是家国一体,爱国思想带有忠君色彩。在家天下的文化场景里,'家'、'国'同构,'朕即国家',爱国思想不可避免地表现为忠君意识,忠君就是爱国,爱国就应忠君,忠君爱国思想有其特定的历史合理性。二是国族一体。历史上各民族大都曾建立过自己的国家和独立的政权,大都曾有过自己的祖国,在民族分裂时期,各民族都把自己的民族国家看成是自己的祖国"。
③ 张岱年:《发扬爱国主义传统,反对民族虚无主义》,载《中华文摘》1990年第9期。
④ 周溯源:《试论中华民族的爱国主义传统》,载甘肃社会科学1995年第3期。

我河山",之后统帅岳家军,"驾长车,踏破贺兰山缺",誓言"待从头,收拾旧山河"(《满江红·写怀》)。陆游一生为收复失地,临终绝笔仍"但悲不见九州同",因而告诫子孙"王师北定中原日,家祭无忘告乃翁"(《示儿》)。文天祥"人生自古谁无死,留取丹心照汗青"(《过零丁洋》)。戚继光"一年三百六十日,多是横戈马上行"(《马上作》)。近代更有"苟利国家生死以,岂因祸福避趋之"(《赴戍登程口占示家人》)的林则徐虎门销烟,大灭帝国主义威风;三元里百乡群众自发围歼英军,大显国人气概;清将冯子材以古稀之年身先士卒,率军大败法国侵略者;甲午战争中爱国将领邓世昌、丁汝昌等百千将士力抗外敌,壮烈牺牲,气贯长虹……还有以血肉之躯捍卫中华独立而至死默默无闻的无数民族英灵,虽然史册无载其名,但其卫国爱国之浩然正气仍与日月同辉。

这些中华骄傲之中,还有以天下为己任,"修身、齐家、治国、平天下"①,造福人民,振兴国家,为祖国强盛而鞠躬尽瘁死而后已的仁人志士。比如"但愿苍生俱饱暖,不辞辛苦出山林"(《咏煤炭》)的于谦,"忘家徇国,遑恤其他"②的张居正,"丈夫所志在经国,期使四海皆衽席"(《樵溪行送郑一鹏给内》)的海瑞,"不忧一家寒,所忧四海饥"(《偶然吟十八首呈婺源董小槎先生为和师感兴诗而作之八》)的魏源等诸多先驱。为使国家强盛,康有为、梁启超等六君子力促戊戌变法,为此,谭嗣同"我自横刀向天笑"(《狱中题壁》),甘洒热血醒国民。诸如此等爱国人士,不胜枚举。

在家庭文化氛围的影响下,钱伟长对国学兴趣极浓,各类民族英雄和仁人志士的爱国事迹,于他自然是耳熟能详。为此,深受先贤哲人爱国

---

① 《礼记·大学》。原文为:"古之欲明明德于天下者,先治其国;欲治其国者,先齐其家;欲齐其家者,先修其身;欲修其身者,先正其心;欲正其心者,先诚其意;欲诚其意者,先致其知。致知在格物。格物而后知至,知至而后意诚;意诚而后心正,心正而后身修,身修而后家齐,家齐而后国治,国治而后天下平。"
② 赵靖:《中国经济思想通史(修订本)》,北京大学出版社2002年版,第224页。

主义思想浸染的钱伟长,在青少年时代就懂得了"天下兴亡,匹夫有责"①的道理,其行为准则不外乎"国耳忘家,公耳忘私,利不苟就,害不苟去"(《汉书·贾谊传》),自始至终"位卑未敢忘忧国"(陆游《病起书怀》)。尤其是范仲淹《岳阳楼记》中的"先天下之忧而忧,后天下之乐而乐"更是钱伟长一生的座右铭和真实写照。他视生养自己的祖国"寸寸山河寸寸金"(黄遵宪《赠梁任父母同年》),一生完全以国家利益为重,所以有"我没有专业,国家的需要就是我的专业","我是搞国家需要的事情,国家需要我就干"②一说。

因此,中华传统爱国主义思想为钱伟长爱国主义教育思想的形成奠定了深厚的思想基础。

二、江南地域爱国文化的直接熏陶

20世纪初的一个金秋季节,钱伟长呱呱坠地于一个典型的江南水乡小村庄——江苏省无锡市鸿声镇七房桥村。先后生活在无锡和苏州的钱伟长,自小伴读在后来成为我国著名国学大师的叔父钱穆先生左右,并得到国学无锡专科学校和苏州中学江南名师的指点,耳濡目染江南文化精髓。江南爱国人士的壮举于他是早已印入脑海,成为他思想不可分割的一部分。

---

① 关于此成语,多年来流行一种说法,认为是顾炎武说的。但出自顾炎武的哪一本书,却从未有人点明。刘洁修对顾炎武的著述一一翻检,仅在《日知录》卷十三《正始》篇中发现如下一段话:有亡国,有亡天下,亡国与亡天下奚辩? 曰:易姓改号,谓之亡国;仁义充塞而至于率兽食人,人将相食,谓之亡天下……保国者,其君其臣、肉食者谋之;保天下者,匹夫之贱,与有责焉耳矣! 刘洁修继续查索,终于在《饮冰室合集》中找到答案:夫以数千年文明之中国,人民之众甲大地,而不免近于禽兽,其谁之耻欤? 顾亭林曰:天下兴亡,匹夫之贱,与有责焉已耳(《饮冰室合集·文集之一·辨法通论·论幼学》)! 今欲国耻之一洒,其在我辈之自新……夫我辈则多矣,欲尽人而自新,云胡可致? 我勿问他人,问我而已。斯乃真顾亭林所谓天下兴亡,匹夫有责也(同上,《文集之三十三,痛定罪言·三》)。刘洁修经过考辨之后,认为按照语言发展运用的实际,"天下兴亡,匹夫有责"的语意本于顾炎武,而八字成文的语型则出自梁启超(参见http://www.qqping.cn/minsheng/2019100418307.html)。

② 曲向东:《钱伟长:因为我是中国人》,载《教师博览》2004年第12期。

柔韧开放的江南文化让年少的钱伟长受到了直接、集中、系统的熏陶,为其爱国主义教育思想的产生奠定了坚实的文化基础。

(一)江南兴学状元辈出,代有贤者

东南财富地,江浙文人薮。水乡泽国的江南,自古钟灵毓秀,人文鼎盛,是南北文化的交流要冲、中外文化的交汇点。它一方面深受国学文化的影响,另一方面,又是开放较早、工商业发达的区域,从而使得其文化特征是外柔内刚,坚忍不拔;开放度高,而文化积淀深厚。

江南历来特别重视教育。在彪炳史册的风流人物中,江南才子占有了不容忽视的一席之地。自五代十国武肃王钱镠始,即尊重文化,崇儒兴学,使得江南一带人才云集,史称"满堂花醉三千客"③。在群星璀璨的历史人物中,江南状元因人数众多而引人瞩目。唐宋之后,江南经济繁荣,文化昌盛,进士、状元辈出,明清时期江南状元独多。据统计,明代90位状元,江浙两省为37位(江苏17,浙江20),占比41%;清代114位状元,江苏49位,浙江19位,占比达60%。故而有民谚曰:"天下英才,半数尽出江南。"苏州乃盛产状元之地,明代在朱元璋打压政策之下,仍有状元8位,清代更是诞生了26位状元,居全国之冠。④因此,有了苏州"一门三状元""一人连三元(即连中解元、会元、状元)",无锡"一榜九进士""六科三解元"的盛事。

江南贤者大多不仅善诗文,而且工书画,多才多艺。更为难能可贵的是,历代以来,江南盛出爱国为民、为国分忧的贤人智者。例如,晋代将军周处,斩恶蛟射猛虎,去恶习学圣贤,率五千勇士力拼数万敌军,为国壮烈捐躯。宋代清吏李纲,一生刚正不阿,中夜不寐忧千端,心肝开张五情热,虽遭贬乡却仍"但得众生皆温饱,不辞羸病卧残阳"(《病牛》),时刻担心

---

③ 五代贯休和尚《献钱尚父》:"贵逼身来不自由,龙骧凤翥势难收。满堂花醉三千客,一剑霜寒十四州。鼓角揭天嘉气冷,风涛动地海天秋。东南永作擎天柱,谁羡当年万户侯。"贯休俗姓姜,字德隐,太平乡登高里人。7岁在和安寺出家为僧。天资聪敏,日诵《法华经》千字,过目不忘。精修之余喜爱吟咏,16岁已有诗名。
④ 陈尧明:《略说江南的"状元文化"》,载《书屋》2023年第5期。

山河陷敌。被海瑞力赞为"两朝崇祀庙谟新,抗疏名传骨鲠臣"(《谒先师顾洞阳公祠》)的明朝忠臣顾可久①,同样为官清正,刚正不阿,骨鲠敢言。同治光绪年间的状元外交官洪钧,博学多才,通经史,专元史,特别擅长于历史地理,在受命与外国公使谈判时,于疆界寸土必争。清代时还有状元顺应历史潮流,创办民族工业,以实业救国,等等。

特别是南宋名臣王十朋,备受世人称道。王十朋效诸葛,仿仲淹,学寇准,比包拯,一身正气,忠心为国,清正廉洁。年少时恰值金兵入侵,他奋笔疾书,以诗明志:"斩奸盍请朱云剑,射虏宜用李广弓。借问秦庭谁恸哭,草茅无路献孤忠"(《伤时感怀之二》),忧国忧民之情跃然纸上。而立之年又创办学校,讲经授典,以抒发爱国之情。因为人师表,知识渊博,人皆尊称"梅溪先生"。他教育学子,做人不但要知识渊博,通晓古今,心胸豁达,更要有一身正气,以报效国家为己任。在他的影响下,有许多弟子投身抗金洪流,成为国家栋梁与治世之才。在高中状元后,王十朋建议整顿朝政,起用张浚、刘锜等抗金名将,力陈抗金恢复大计,做了大量爱国工作,使朝廷风气大变,从而军民一心,抗金局面大好。

(二)东林学派心怀天下,影响深远

发源于无锡的东林学派对整个江南一带的思想影响尤其不容忽视。

东林学派是中国明代末年思想学术领域出现的一个以讲学与议政相结合的著名学术流派,在我国理学思想发展史上有重大影响。因创始人顾宪成、高攀龙等学者在地处江苏无锡城东隅弓河畔的东林书院聚众讲学和读书而得名。东林书院原系福建将乐人杨时于北宋政和元年(1111)创立,为宋代理学在我国东南地区主要传播活动中心。元代时书院荒废。明万历年间,顾宪成因敢于直谏、抨击朝政而被罢官,在家乡讲学时与高攀龙等人共同捐资,在书院原址进行修复兴建。虽居水边林下,仍志在世道,以国家兴亡为重。

---

① 顾可久字与新,号洞阳,无锡人,被誉为"锡谷四谏""嘉靖四忠"之一,系海瑞恩师。

15世纪后半叶,社会矛盾日趋激化,人民负担沉重,政治日益腐败,全国"如沸鼎同煎,无一片安乐之地也。贫富尽倾,农商交困"①,东林学派于是在农民起义和新兴市民反封建斗争的震荡中产生。它是以东林书院讲学为联系纽带,并逐步发展形成的以顾宪成、高攀龙为首,以江南士大夫为核心的学派,"一堂师友,冷风热血,洗涤乾坤"②,既有鲜明的学术思想见解,又有积极的政治主张。

东林学派以国家民族的兴亡为重,激扬文字,讽议朝政,要求廉正奉公,开放言路,革除朝野积弊等。这些针砭时政的主张得到当时社会的广泛同情与支持,"远近名贤,同声相应,天下学者,咸以东林为归"③。往往讲学之时,许多不同学派的人士也"闻风响附,学舍至不能容"④,甚至"草野之齐民,总角之童子,皆得环而听教"⑤,人数之多,"一时相传为吴中自古以来未有之盛事"⑥。同时,也遭到权贵和宦官集团的深刻忌嫉和强烈反对。

长期执讲东林书院的东林学派首领顾宪成一贯强调"实学""实用",使社会收到"实益"。他凡事以国家为念,"立朝居乡,无念不在国家,无一言一事不关世教"⑦。并曾撰有一副名联"风声雨声读书声声声入耳,家事国事天下事事事关心",提倡"关心国事、振兴吏治、廉洁奉公、关心民生疾苦"的优秀学风以及"大无畏抗击权奸、反对贪赃枉法、矢志革新朝野积弊"的不屈不挠斗争精神。这种学风精神长期深入人心,并引起学术界的广泛关注。东林学派的思想对当时社会思想起到拨乱反正的重要推动和指导作用,同时对推动社会文明进步和文化思想建设产生了深远影响。

此外,在七房桥老家不幸失火举家迁往无锡荡口镇居住时,钱家又得

---

① 《明神宗实录》,台湾"中央历史语言研究所"1966年校印,第7101页。
② 黄宗羲著,沈芝盈点校:《明儒学案(东林学案一):卷五八》,中华书局1985年版,第1375页。
③ 裘大中:《光绪无锡金匮县志》,清光绪二十九年(1903)刊本。
④ 张廷玉:《明史(顾宪成传):卷二百三十一》,中华书局1974年版,第6032页。
⑤ 高廷珍等:《东林书院志(东林会约):卷二》,清光绪七年重刻本。
⑥ 顾与沐:顾端文公年谱,续修四库全书本.
⑦ 顾与沐:顾端文公年谱,续修四库全书本.

到荡口望族华家的无私资助。华家是著名爱国典范,华衡芳为中国制造了第一艘军舰,将自己的财力精力奉献给国防事业;华世芳创办诸多学校,为国家教育事业操劳一生。恩人华氏坚定的爱国理念又从另一个角度浸染了少年钱伟长的心灵,为他一生的爱国信仰添砖加瓦。因而在钱伟长晚年的回忆录里时常提到华家,说这恩情难以忘怀。

第二节 时代社会发展形成直接动因

历史上的优秀人物常常是在动荡年代中的各种社会力量和思潮冲突碰撞中成长起来的。风云激荡的近代中国既使国人承受了无尽的苦难与屈辱,也孕育出诸多具有伟大的爱国主义思想和人格的优秀人才。这将近一个世纪的时间,是中国历史上少见的变乱而痛苦的时代,也是中国历史上不多见的英雄辈出的时代,有那么一大批优秀的中华儿女为寻求民族解放和国家独立富强,将自己的理想和追求与国家命运结合在一起,义无反顾地投身到关乎中华民族前途的事业上来,正所谓"时势造英雄"。

钱伟长,就是其中的一个杰出代表。作为生长于20世纪初期的新青年,钱伟长不断接受着自由、民主、独立等新思想的熏陶,亲历着中国重大的变革事件和民主运动的脉动,朴素的爱国思想充盈了他年轻的胸怀。他跟许多人一样,走着艰难曲折的人生道路,为爱国强国梦想艰辛探索。

一、将倾的国家:积贫积弱

19世纪一开始,作为一个"严厉而又丧失了帝国自信心的时代"①,嘉庆王朝统治下的中国处在腐败和造反的阴影之下。而随着1840年鸦片战

---

① [美]杰罗姆·B.格里德尔(Jerome B. Grieder)著,单正平译:《知识分子与现代中国》,南开大学出版社2003年版,第57页。

第二章 钱伟长爱国主义教育思想成因溯源

争的爆发,"清王朝的声威一遇到不列颠的枪炮就扫地以尽",中国一向怀有的威严和自尊被西方彻底击碎,"接踵而来的必然就是解体的过程"①,资本主义列强开始凌驾在中国人头上。

19世纪70年代末的甲午战争更是拉开了帝国主义列强角逐狂分中国的序幕。《南京条约》《天津条约》《北京条约》《瑷珲条约》《马关条约》《辛丑条约》……一系列难以尽数的不平等条约的签订,让昔日辉煌的泱泱华夏割地赔款,国破人亡,彻底陷入了半殖民地半封建的深渊。其时,吏治腐败,民不聊生,"昔日卖米三斗,输一亩之课有余;今日卖米六斗,输一亩之课而不足"②,以致农民起义绵延不绝。国内贸易"市镇萧条,倒闭相仍",国外贸易则"百遇百跌,外人岁赢三千万以去"③。中国的政治经济濒临崩溃边缘。

严重的民族危机极大地刺激了中国人的民族自觉意识,爱国反帝成为共同的呼声。从1840年到1919年,农民阶级的反侵略与反封建,资产阶级改良派的救亡与维新,革命民主派的民族独立与民主革命,由自发反抗到自觉斗争。从农民武装斗争到改良派自上而下的改革,再到革命派武装起义,汇聚成一系列波澜壮阔而又令人唏嘘的爱国运动。

二、解放的思想:"拯民救国"

社会的急剧变化也带来了思想的空前解放和活跃。"天朝上国"的衰败和没落,帝国列强的入侵,促使无数爱国志士警醒。内忧外患的情境使得举国上下莫不惊呼"中国将亡于旦夕",从而出现了"没有受过教育的阶层是以恐惧为核心的排外主义,受过教育的阶层是以蔑视为核心的排外主义,为数较少但日益增多的中国雏形民族主义者是特有的以自愧为

---

① 中共中央马恩列斯著作编译局:《马克思恩格斯论中国》,人民出版社1954年版,第2页。
② 李翰章编撰,李鸿章校勘:《足本曾文正公全集:第1卷》,吉林人民出版社1995年版,第377页。
③ 李书城:《论中国商业不发达的原因》,载张丹,王忍之:《辛亥革命前十年间时论选集:第1卷(上册)》,生活·读书·新知三联书店1960年版,第468页。

核心的排外主义,排外反侵略成为头等重大的问题"[1]的现象。有识之士不得不睁开眼睛看世界,发出"拯斯民于水火""扶大厦之将倾"[2]的主张。救亡图存、维新变法的思想犹如思想界之飓风而弥漫全国。

不断加深的民族危机促使国内爱国民主运动迅速酝酿并不断高涨,戊戌变法、辛亥革命和新文化运动的先后发生,在制度建设乃至思想领域都对中国社会产生了巨大的冲击。无论是企盼"不拘一格降人才"的龚自珍,提出"师夷长技以制夷"的魏源,还是"以爱国相砥砺,以救亡为己任"的康(有为)梁(启超),抑或是大声疾呼"改条约,复政权,完全独立;雪国耻,驱外族,复我冠裳"[3]并蹈海自戕以警世人的陈天华,再是"则一息尚存,誓当与之奋斗到底"[4]的邹韬奋等"七君子",无不是倾诉着强烈的忧国、爱国、报效祖国的情怀。特别是以孙中山为代表的资产阶级民主革命派,高举建立民主共和的战斗旗帜,从根本意义上把爱国诉求推上了一个新高度。

虽然代表不同的思潮,体现的阶级意志有所差异,目标、目标的指向性和路径各有侧重,但都表达着救国于危难、救民于水火的强烈愿望。这些爱国思想的共同核心理念就是"救亡图存,振兴中华"。至此,传统的只具有文化价值的爱国主义,已转化为具有鲜明现代意义的爱国主义。

与民族利益和国家前途紧紧联系在一起的近代中国爱国主义在以往文化底蕴的根基上表现出了更多的政治属性。中国与列强交战失败后的耻辱,国人与外人杂居时所受的歧视,使中国人自然就会把自己与国家联系起来,把国权当己权,以国耻为己耻,凝聚力会随着压力的增大而增强。

---

[1] [美]柯文(Paul A. Cohen)著,林同奇译:《在中国发现历史——中国中心观在美国的兴起》,中华书局1998年版,第37页。
[2] 孙中山:《檀香山兴中会章程》,载《孙中山选集:第1卷》,人民出版社1981年版,第16页。
[3] 陈天华:《猛回头》,载刘晴波,彭国兴编《陈天华集》,湖南人民出版社2008年版,第26页。
[4] 邹韬奋:《我们对于国事的态度和主张:1941年5月31日》,载中国韬奋基金会韬奋著作编辑部编《韬奋全集:第10卷》,上海人民出版社1995年版,第385页。

第二章 钱伟长爱国主义教育思想成因溯源

面对空前民族灾难,每个有良心的中国人都在担忧民族、国家的前途和命运,有识之士都会思考如何摆脱困境,重新振兴国家。通常情况下,人们往往"怀着对现实、对个人现状的一种认可和满足的心理,其深厚的爱国主义情怀往往蛰伏潜隐着,波澜不惊,似乎感觉不到它的存在"①。而一旦现实发生了变故,尤其是这种变故可能影响到民族和国家的利益,人们的情绪或情感就会受到影响,爱国主义都将被激活。

钱伟长在其青少年时期就碰到了这样一件事情。那是钱伟长在上海参加完高考之后,有一天,他来到外滩散步,在公园门口被一块"华人与狗不得入内"的牌子挡住了去路,他遭受了强烈的屈辱。他想,这帮可恨的侵略者,无耻的强盗,在我们祖国的土地上称王称霸,不就是凭着手中的飞机大炮吗?!他觉得中国人的尊严受到了严重侮辱!而就在他刚进清华大学的第三天,就遇上了"九·一八"事变。40多年后,他曾这样回忆:

> 我是受着国耻纪念日对于我灵魂上的冲击长大的,因此最后我从学文改学物理。因为当时我认为没有强大的国力是没有办法对付帝国主义的②。

因此,近代中国所受的国耻屈辱和期盼"救亡图存,振兴中华"的强国梦想成为钱伟长爱国主义教育思想产生的直接动因。

第三节 个人理论积淀决定思想层次高度

钱伟长是一位纯粹的爱国者,一位具有辩证唯物主义观点的爱国者。

---

① 曾凡远:《近代中国的民族主义与爱国主义》,南京师范大学2006年硕士学位论文。
② 钱伟长:《自强不息,创造性地走向未来》,《钱伟长文集(下卷)》,上海大学出版社2013年版,第1181页。

他的爱国主义教育思想的形成得益于他的唯物主义思想。他在各种场合,总是坚持用辩证唯物主义和历史唯物主义做指导,运用马克思主义的立场、观点、方法,从哲学的观点、理论的高度,深入浅出地分析一些问题,用自己的生动语言通俗地解释一些复杂的现象,根据实际情况创造性地研究和解决政治思想教育工作中的问题,帮助教师和学生树立正确的世界观、人生观和价值观。

一、继承发展,经世致用

由于钱伟长具有深厚的国文功底,他对我国的历史遗产了如指掌,如数家珍。他指出,祖先们在数千年的劳动中,以"刻苦耐劳的劳动生活,光辉优秀的科学创造,为我们4.75亿子孙留下了这沃富美丽的江山和光荣无比的历史"[①]。历史上好的东西就要继承下来,在继承的基础上发展。

要善于继承,只有善于继承,才能更好地发展。例如在物理学方面,我们远古的优秀祖先们有许多发明和发现,近代物理学上也有我国优秀物理学家的伟大贡献,"我们中华民族和世界上其他任何民族一样,有着优秀的和高贵的品质"[②],因此,我们的教学工作者要不断地进行发掘,一方面要"让青年们认识到祖先们是怎样地观察自然、了解自然,而且把观察中得到的理论结合到实际生活应用中去"[③],另一方面把近代物理学家的贡献介绍给青年们。而这些工作,就需要后来者的努力了。他满怀信心地指出:

> 我们热爱我们伟大的祖国,更热爱我们祖国的光荣历史,我们一定能继承祖先们的优秀传统,以不断的劳动和不断的创造,来使美丽

---

① 钱伟长:《中国古代的科学创造》,《钱伟长文集(上卷)》,上海大学出版社2013年版,第24页。
② 钱伟长:《物理教学与爱国主义教育的结合》,《钱伟长文集(上卷)》,上海大学出版社2013年版,第45页。
③ 钱伟长:《物理教学与爱国主义教育的结合》,《钱伟长文集(上卷)》,上海大学出版社2013年版,第46页。

的祖国更美丽,使光荣的历史更光荣[①]。

同时还要采取一分为二的态度,既不能狂妄自大,也不能过分自卑。我们还必须认识到,由于社会制度的关系,在反动统治下的中国物理学只是零散的、各自为政的成就,而没有发展成系统的科学。此外,面对着外面飞速发展的世界,我们还要取人所长,为己所用,"学习一切进步的科学成就,坚定地、自信地、沉着地以更多的科学创造,来丰富人类的生活"[②]。

二、衡量事物,辩证历史

不能断章取义,不能以片面的现象去概括全面,发现了一点问题就不加分析地把整个都否定了。

钱伟长在跟学生谈到留学问题时提到,现在一些青年人很想漂洋过海出国去,原因是觉得国家对科技的投资太少,在国内耽误自己的发展。当然,羡慕人家工资高也是其中一个原因。他给大家算了一笔账:

> 现在美国的年国民生产总值是7万亿美元,我们国家去年的生产总值也是7万亿多一点,但这是人民币。美元和人民币的比价是八点几,因此我们的国民生产总值差8倍。今年我们的国民生产总值增长率为九点几,美国去年的增长率为3.5%或3.6%,差6%。我们每年赶过美国6%,那么就是说每年我们跟它的距离是1.06。这样算来要多少年才能赶上它呢? m 年,即1.06的 m 次方要等于8,至少要40年,也即要到2037年才能在生产总值上赶上美国。但还有一个人口问题,我们有12亿多人口,而美国只有2.1或2.2亿人口,我们比它高6倍。因此要

---

① 钱伟长:《中国古代的科学创造》,《钱伟长文集(上卷)》,上海大学出版社2013年版,第24页。
② 钱伟长:《中国古代的三大发明》,《钱伟长文集(上卷)》,上海大学出版社2013年版,第36页。

从人均产值上赶上美国,那就是6乘以8差48倍,即1.06的m次方等于48,这需要多少年才能赶上呢?你们可以算算,大概要100年上下。①

所以在目前的情况下待遇没法子高。他指出,"事实上按上述比例也并不算低"。事实上跟美国人的待遇的确是没法比的,他以自己为例作出了说明:

我是个教授,按国家规定最高工资是960元,一年大概也就是1万元多一点,也即1 500美元。而美国一位教授拿多少?我有一个同学,退休了,是6万块钱一个月,一年72万块,当然他是比较好的。因此从数字上看没法比的……②

翔实的数据分析,让人为之信服。为此,他提出:

我们必须长期地努力,要经过几代人,也可能是几十代人,才能把我们国家搞上去。所以我们应加强教育,要树立正确的思想认识。③

三、群言兴邦,群众路线

钱伟长历来反对照抄照搬和本本主义,反对"熟读马列主义"的教学方式,他认为一定要"弄通马列主义"。

钱伟长坚信群众路线,因而非常推崇"群言兴邦",要推动广大群众

---

① 钱伟长:《和青年朋友们谈学习问题》,《钱伟长文集(下卷)》,上海大学出版社2013年版,第1204页。
② 钱伟长:《和青年朋友们谈学习问题》,《钱伟长文集(下卷)》,上海大学出版社2013年版,第1204页。
③ 钱伟长:《和青年朋友们谈学习问题》,《钱伟长文集(下卷)》,上海大学出版社2013年版,第1204页。

关心国家大事,关心祖国的政治、经济、文化和社会主义建设的发展,用马列主义毛泽东思想观察和研究这些问题,群策群力,在建设有中国特色的社会主义中,议论探讨,提供一得之见。这样每一位有识之士,在兴华夏之邦的大业上,就可以做出应有的贡献。如果人人这样做,就是群言兴邦。同时用历史故事"曾参杀人"来说明骗人式的"群言"是有害的,在提倡群言时应该力自警戒。在遇到传谣式的"群言"时,我们应该"力排众议",为坚持真理而斗争。

> 群言的作用就在于能在议论中消除个人认识的片面性。我们不能完全否定摸象盲人式的群言,它含有哪怕是很局部的真理,但可以通过群言式的议论,达到正确的结论。我们要彻底否定的应是那些充满谎言和谣言的骗人式的"群言",因为那些"群言"半点真理也没有。
>
> 对于群众而言,应该鼓励群言,做到知无不言、言无不尽。对于领导而言,我国的古训是"兼听则明"。能兼听才能启发群言,有群言仍需开明的兼听。否则,群言既无益于兴邦,而且必会造成万马齐喑的局面。①

四、实事求是,联系实际

钱伟长始终坚持用实事求是的原则来指导工作。他所提出的有创意的理论和实践问题,都是和他坚持实事求是的思想观点相联系的。

在20世纪50年代全国强调学习苏联先进经验"一边倒"的情况下,钱伟长仍然坚持实事求是,提出要根据我国的实际情况来学习苏联,同时

---

① 钱伟长:《群言兴邦——贺《〈群言〉杂志创刊五周年》,《钱伟长文集(下卷)》,上海大学出版社2013年版,第858页。

也要学习英美国家有用的经验。这是极其可贵的。钱伟长认为：

> 毛主席教我们学习马列主义，是要弄通马列主义。什么叫弄通？弄通就是不需要死背，而要联系实际去理解书中所讲的道理。这不是很清楚吗？这也是教学思想里头的两条路线的斗争。实践早已证明，死背的马列主义，对我们国家是毫无用处的。我们要培养的是弄通了马列主义的人，是能结合当前我们国家的情况来进行工作的人，是实事求是的人。如果一个人只会把死记硬背的东西拿来套用，他就不是实事求是，不是按具体情况来处理问题，这样的人，对我们的国家是没有多大用处的。①

---

① 钱伟长:《谈学习方法》，《钱伟长文集（上卷）》，上海大学出版社2013年版，第414页。

第三章 钱伟长爱国主义教育思想发展历程

> 先天下之忧而忧,后天下之乐而乐。
>
> ——范仲淹

钱伟长炽热、深沉、高昂的爱国主义情怀并不是一蹴而就或者偶然而成的。追踪他的成长足迹,我们可以发现其间有着诸多影响因素。

第一节　启蒙于幼年家教

钱伟长说那时候他还不明白,美国人为什么要跑到他的故乡七房桥去。美国人只说,在美国出版的《世界名人录》里,收了5个中国人。这5个中国人都姓钱,其中两个人,一个是钱伟长,一个是他的叔叔钱穆。而且,这5个中国人,都出生在无锡附近的七房桥。这就引起了美国学者的浓厚兴趣,他非要跑到那里去看一看,为什么这个叫七房桥的地方,会一下子涌现这么多的杰出人物。美国学者是专门研究钱穆的,而钱穆是中国学者中未经大学深造而成为大学教授、又成为国学大师的两个人中间的一个(另一人为梁漱溟)。

……

我渐渐从钱伟长的叙述中感觉到,他的人生之路,正是从七房桥走出来的,他自小受到家庭和长辈的熏陶,在接受教育的成长过程中,懂得了安贫正派、洁身自好、刻苦自励、胸怀坦荡、积极求知这样的道理。

——叶辛《钱伟长,从七房桥走出来》

钱伟长出生于江苏省无锡市一个书香门第的世家。钱家虽然贫寒,但仍然遵从先人遗训,不忘读书成才。

一、钱王"家训",遗教后裔

无锡钱氏尊五代十国的吴越武肃王钱镠为祖。钱伟长乃无锡钱氏湖头支始祖钱进(武肃王钱镠七世孙)的后裔。

钱武肃王,名镠,字具美,小字婆留,杭州临安县人。他创吴越国,独治东南一隅,在混战割据的局势下,平定内乱,人称"一剑霜寒十四州"。他礼贤下士,广罗人才,奖励垦荒,发展农桑,使得吴越富庶甲于东南,长达八十六年无战事。并且,在他的带领下,当地人民"修筑海塘、拓建杭城,疏浚湖泊、发展农商,开发海运,扩大贸易"[①],从而奠定了"上有天堂,下有苏杭"的美景基础,开发了浙江粮仓——杭嘉湖平原的雏形。溯武肃王一生,出身寒门,戎马征战,保境安民;射潮筑海塘,外抵水患;疏湖修农田,内用水利;扶丝绸之业,兴印刷之盛;建庙宇传佛经,通外商促贸易;为民求富,与民同乐。数代间,东南形胜,江吴都会,天堂苏杭,繁华钱塘,鱼米之乡,文物之帮,皆钱王之丰功伟绩矣。因而902年唐昭宗李晔册封钱王时,谓钱武肃王"浙江孕灵,天目钟秀。武足

---

① 吕洪年:《东南重望 吴越福星——临安"钱王陵园"随笔》,载《浙江档案》1994年第11期。

以安民定乱,文足以佐理治邦"。①

其时吴越地区的文化发展程度还可从文化名人数量的变化情况中窥见一斑。当代著名教授徐中玉先生主编的《古文鉴赏大词典》收录五代前文化名人86人,其中吴越地区为7人,占8%;五代及其后的文化名人114人,吴越地区为33人,占30%;现行高中语文课本中收录的五代前名家30人中吴越地区仅有1人,占3%;五代以后的名家33人,吴越地区达11人,占30%。难以想象,两个"30%"纯粹是"偶然的巧合",我们可以发现,它反映了钱镠及其后人对文化发展的重视,从而使得吴越地区一跃而成为文化之都和中国重要的文化中心之一。

历史记载,钱武肃王非常重视家教,并且身体力行,可谓"修身齐家治国平天下"之楷模。"修身",他虽早年读书不多,只粗通文墨,但晚年勤恳治文,终至能与诗人应和。"齐家",他事母至孝,身为王还背负母亲上楼;对儿孙极为严格,谆谆教诲子孙要"忠君报国,勤政爱民",并再三嘱咐:"子孙若不忠不孝,不仁不义,便是破家灭门,要鸣鼓而攻之。千叮万嘱,慎勿违训"②。在乾化二年(912)正月做家训八条,后又撰《武肃王遗训》,临终前曾向众多子孙提出十项要求。"治国",执安民、恤民、福民国策,为吴越大地经济发达、文化繁荣奠定良好基础。而其儿孙秉承先祖遗训,善事中原,纳土归宋,使中国和平统一,旷世之举,终得彪炳史册。

钱氏后裔把钱武肃王平时的言行记录整理成《钱氏家训》,遗教后裔,教育子孙要"忠孝传家,爱国恤民,化家为国"③。钱氏不仅重视文化知识的教育,更重视道德品质的教育。要求子孙从小就养成热爱祖国、自强不息、艰苦奋斗的可贵品格。为此,钱氏家族诗礼传家、名人辈出。民国时出版的《中国人名大词典》,收录钱姓历代名人310名,占总数的0.62%,排名第26位。

---

① 钱志仁,金石声:《武肃王钱镠与无锡钱氏(内部资料)》2008年印,第40页。
② 钱志仁,金石声:《武肃王钱镠与无锡钱氏(内部资料)》2008年印,第34页。
③ 钱志仁,金石声:《武肃王钱镠与无锡钱氏(内部资料)》2008年印,第35页。

钱 氏 家 训

个　人　心术不可得罪于天地,言行皆当无愧于圣贤。曾子之三省勿忘。程子之四箴宜佩。持躬不可不谨严,临财不可不廉介,处事不可不决断,存心不可不宽厚。尽前行者地步窄,向后看者眼界宽。花繁柳密处拨得开,方见手段;风狂雨骤时立得定,才是脚跟。能改过则天地不怒,能安分则鬼神无权。读经传则根底深,看史鉴则议论伟;能文章则称述多,蓄道德则福报厚。

家　庭　欲造优美之家庭,须立良好之规则。内外门闾整洁,尊卑次序谨严。父母伯叔孝敬欢愉,姒娌弟兄和睦友爱。祖宗虽远,祭祀宜诚;子孙虽愚,诗书须读。娶媳求淑女,勿计妆奁;嫁女择佳婿,勿慕富贵。家富提携宗族,置义塾与公田;岁饥赈济亲朋,筹仁浆与义粟。勤俭为本,自必丰亨;忠厚传家,乃能长久。

社　会　信交朋友,惠普乡邻。恤寡矜孤,敬老怀幼。救灾赒急,排难解纷。修桥路以利人行,造河船以济众渡。兴启蒙之义塾,设积谷之社仓。私见尽要划除,公益概行提倡。不见利而起谋,不见才而生嫉。小人固当远,断不可显为仇敌;君子固当亲,亦不可曲为附和。

国　家　执法如山,守身如玉;爱民如子,去蠹如仇。严以驭役,宽以恤民。官肯著意一分,民受十分之惠。上能吃苦一点,民沾万点之恩。利在一身勿谋也,利在天下者必谋之;利在一时固谋也,利在万世者更谋之。大智兴邦,不过集众思;大愚误国,只为好自用。聪明睿智,守之以愚;功被天下,守之以让;勇力振世,守之以怯;富有四海,守之以谦。庙堂之上,以养正气为先;海宇之内,以养元气为本。务本节用则国富,进贤使能则国强,兴学育才则国盛,交邻有道则国安。①

由上可见,《钱氏家训》分为个人、家庭、社会和国家四个部分,其中

---

① 钱志仁,金石声:《武肃王钱镠与无锡钱氏(内部资料)》2008年印。

"个人"篇讲的是自我修身。教育子孙修身要严谨,要严于责己,宽以待人。"家庭"篇讲的是理家之则。教育子孙治家重在"孝""爱",对祖宗要崇敬、对父母要孝顺,对家人要和爱,对子孙要慈爱,对家族要关爱。"社会"篇讲的是为人处世。教育子孙为人要正直正义,处世宜讲诚信谨慎。"国家"篇讲的是治国之道。教育子孙为官要勤政爱民,谦恭持正,以强国安邦富民为己任,为此要"利在一身勿谋也,利在天下者必谋之;利在一时固谋也,利在万世者更谋之"。因此,《钱氏家训》是从个人的修身、家庭的治理、社会的处世和为官治国四个方面进行详尽阐述,要求钱家子孙走好人生之路。

所谓"家训"者,原本是中国传统宗法社会中,父母长辈用来垂训子孙的立身治家之言,是家谱中的重要组成部分,对传统宗族教育起了很大的作用。最早起源家族为维持必要法制制度所拟定的一定行为规范,自汉初随朝代演变而日渐丰富多彩。纵观古代家训,其主线不外于中华民族传统美德,但作为上层意识形态的一种,家训往往不免受时代发展的影响,而带有一定的局限性。但是,以此观照同样诞生于古代文人之手的《钱氏家训》,我们却很难找到封建"三纲五常""男尊女卑"等等糟粕的存在,其精神反而与《公民道德实施纲要》所倡导的传统美德教育极其相符。

二、谨遵祖训,诗书传家

钱氏后世子孙世代遵从钱武肃王"子孙虽愚,诗书须读"的遗训,牢记"读经传则根底深,看史鉴则议论伟"的教导。祖辈德才教育极为严格,竭尽全力培养子孙,即使在生活贫困的境遇下也不改变。作为钱氏七房桥大房后裔的钱家尤其如此,所以有"七房桥全族书香未断,则仅在五世同堂之大房"[①]一说。

---

① 钱穆:《八十忆双亲　师友杂忆》,生活·读书·新知三联书店1998年版,第11页。

钱伟长的祖父名讳承沛,字季臣,是晚清的秀才。少年时读书就"寒暑不辍"。其勤奋程度,钱穆先生曾如此描述:"夏夜苦多蚊,先父纳双足两酒瓮中,苦读如故。每至深夜,或过四更,仍不回家。时闻有人唤其速睡。翌晨询之,竟不知何人所唤"①。天资聪慧且勤奋努力的钱季臣在16岁时就以第一名的成绩考中秀才,但因身体羸弱,三赴南京参加乡试均病倒考场中,未能完成考试。其后也因体弱而不幸中年早逝,时年41岁。但其留下的两本"窗课",对钱挚(钱伟长的父亲,字声一)及钱穆(钱伟长的四叔,字宾四)影响极大,特别是《岳武穆班师赋》,使得钱氏兄弟"自幼即知民族观念,又特重忠义"②。

钱家即便是在钱伟长祖父去世后家中仅余妇孺弱小,度日愈加艰难的情况下,仍不忘家学家风,以读书为重。尤为难得的是,钱伟长的祖母蔡太夫人不识文字,却不忘诗书育人,拒绝了亲朋好友为钱挚介绍工作以贴补家用的好意,说:"先夫教读两儿,用心甚至。今长儿学业未成,我当遵先夫遗志,为钱家保留几颗读书的种子,不忍令其遽尔弃学"③。遂供养钱氏兄弟至师范毕业。

钱伟长的父亲钱挚和四叔钱穆很早就继承了钱季臣先生教书的衣钵,以微薄的薪资负荷着家庭重担。钱挚在以第一名的优异成绩从师范毕业后,出于侍母尽孝并致力桑梓的目的,"迁家返七房桥,呼吁族中,由阖族三义庄斥资,创立小学校一所,取名又新"④,以全新的教育理念、教育方法办学。因教学成果显著,声誉日著,钱挚被无锡人誉为"乡村教育家"。

父亲一生的作为对少年钱伟长的影响极其深远。1928年,钱伟长在仅读了一年初中就考上苏州中学高中部就读时,钱挚虽抱病在身,仍亲自为爱子送行至学校,临别时一再谆谆嘱咐:

---

① 钱穆:《八十忆双亲 师友杂忆》,生活·读书·新知三联书店1998年版,第13页。
② 钱穆:《八十忆双亲 师友杂忆》,生活·读书·新知三联书店1998年版,第14页。
③ 钱穆:《八十忆双亲 师友杂忆》,生活·读书·新知三联书店1998年版,第30页。
④ 钱穆:《八十忆双亲 师友杂忆》,生活·读书·新知三联书店1998年版,第30—31页。

苏州中学是江南名校,这次能考取入学是很不容易的,家庭再困难也要供你读书。学校里有许多位优秀教师,一定要勤恳努力学习,做有知识、有教养、对国家有用的人。这次考试虽名列"孙山",但只要有志气,后来可以居上嘛,任何人的成就都是经过艰苦奋斗才得到的。①

少年钱伟长牢记父亲的教诲,在学校埋头苦读。即使是如画胜诗的名城苏州,也是"60岁以后才有机会亲临访问"②。其用功程度可见一斑。

平常,钱家总是从有限的资金中挤出来些购买各种书籍,阅读到中国古代浩瀚的文化经典和世界名著,使得钱伟长能够从小浸染在传统文化的氛围中。正如他在《八十自述》中所说:

幼年平时生活虽然清苦,但每逢寒暑假,父亲和叔父们相继回家,就在琴棋书画的文化环境中受尽了华夏文化的陶冶。父亲和四叔陶醉于中国文化和历史,用薪资节省下来的钱购藏了四部备要和二十四史,以及欧美名著译本,夏天每年三天晒书和收书活动,我是最积极的参与者,从这些活动中,增长了我对祖国浩瀚文化的崇仰。③

素书堂的书橱给了我很多读书的机会,在暑假中,素书堂是我的天下,什么都看,不懂的也看,当然,我对《三国演义》之类的书看得很早,也看得很多,其他《史记》《汉书》之类在我长大一些时也看。④

优秀的文化遗产,特别是中华民族古代文化的精粹培养了钱伟长对

---

① 周文斌,孔祥瑛:《钱伟长传略》,《钱伟长文集(下卷)》,上海大学出版社2013年版,第1464页。
② 钱伟长:《八十自述》,《钱伟长文集(下卷)》,上海大学出版社2013年版,第970页。
③ 钱伟长:《八十自述》,《钱伟长文集(下卷)》,上海大学出版社2013年版,第968页。
④ 钱伟长:《怀念钱穆先叔——钱穆宾四叔逝世十周年忆养育之恩》,《钱伟长文集(下卷)》,上海大学出版社,2013年版,第1256—1257页。

古典文学和历史的好奇心。尤其是跟随四叔钱穆四处就学期间,他熟读了大量国学名著,中学时代的国学造诣即已达到相当高的水平。这也可以从他的大学入学考试中得以窥豹一斑。1931年夏天,18岁的钱伟长一个月内在上海同时参加了清华、中央、浙江、唐山、厦门五所大学的考试,结果都考取了。其中,清华大学的中文和历史两门课,他都取得了满分。这也成为清华大学录取历史上罕见的文科双百分高才生。多年后,他回忆道,自己当年高考题目是《梦游清华园记》:

> 我写了一篇赋,450字,45分钟。他们那个出题目的老师想改,改不了,一个字也改不了。后来他给了一百分。[①]

而面对历史大家陈寅恪教授出的历史题目——"写出二十四史的名字、作者、多少卷、解释人是谁"这样一个"怪"题目,不少人交了白卷。钱伟长却以深厚的国文功底拿到了一百分。

钱家虽然清寒,但由于长辈都为人堂正博学,谨记《钱氏家训》,以祖先"信交朋友,惠普乡邻""救灾赒急,排难解纷"的家训为己身行事准则,身体力行,热心公益,颇得乡邻尊重。钱氏历代遗训、家训、家箴都要求后人"家富提携宗族,置义塾与公田",在子弟的教育上要舍得大量投入,家族聚居之处,都有义庄义学。为此因"私见尽要划除,公益概行提倡"的高尚风范被乡邻尊为贤者。钱伟长的父亲钱挚和四叔钱穆在辛亥革命时期还均为七房桥民团的负责人,主持民团的革命工作。

此外,钱家家庭和睦,尊老爱幼。

> 平日的夜晚,一灯荧荧,母亲在一旁纺纱,祖母教他识字,父亲和叔父在案头读书;节假日,父亲吹笙,四叔弄箫,两位小叔叔打击鼓

[①] 曲向东:《钱伟长:因为我是中国人》,载《教师博览》2004年第12期。

乐,丝竹弦歌之声使他感到无限温馨。①

尤其是寒暑假的观围棋打谱,充分锻炼了钱伟长的品格,使他认识到做事情"要想取得全局胜利,一定要顾全大局"②的全局意识。

祖先长辈爱国爱家、读书育人的思想让钱伟长自幼耳濡目染,深受熏陶。和乐的家庭及长辈的楷模,无形地启迪了钱伟长幼小的心灵,让他从小就懂得"洁身自好,刻苦自励,胸怀坦荡,积极求知,安贫正派"③,在进入正规学校前,就逐步陶冶着他探求知识、高尚做人的情操。良好的家庭教育对他日后的成长起了积极的作用。意大利著名教育家玛丽亚·蒙台梭利(Maria Montessori)在《童年的秘密》(*The Secret of Childhood*)中指出:

> 童年的社会问题深深地渗透进我们的精神生活,唤起我们的意识,激发我们的行动。……更确切地说,童年构成了人一生中最重要的一部分,因为一个人是在他的早期就形成的。④

第二节 形成于求学之路

钱伟长生活在社会动荡、矛盾尖锐的时代。除了时代风云对他的洗

---

① 周文斌,孔祥瑛:《钱伟长传略》,《钱伟长文集(卜卷)》,上海大学出版社,2013年版,第1463页。
② 钱伟长:《怀念钱穆先叔——钱穆宾四叔逝世十周年忆养育之恩》,《钱伟长文集(下卷)》,上海大学出版社,2013年版,第1256页。
③ 钱伟长:《八十自述》,载《钱伟长文集(下卷)》,上海大学出版社2013年版,第969页。
④ [意]玛丽亚·蒙台梭利著,马荣根译:《童年的秘密》,人民教育出版社年2005年版,第21页。玛丽亚·蒙台梭利,意大利著名儿童教育家,意大利历史上第一位女医学博士,精通医学、哲学、教育学、实验心理学和人类学。蒙台梭利毕生致力于儿童研究和教育实践,为世界和平与发展做出了不可磨灭的贡献。生前获得诸多荣誉,并三次获诺贝尔和平奖提名,被联合国教科文组织誉为"教育和世界和平的伟大象征"。由于蒙台梭利在教育学说与"儿童之家"的实践,她在幼儿教育方面成为自福禄贝尔时代以来影响最大的人,被称为"幼儿园的改革家"。《童年的秘密》(*The Secret of Childhood*)被译为40多种语言文字在世界各地出版。

礼,求学途中各位名师的教导对钱伟长爱国主义思想的形成产生了深远的影响。无论是他的四叔国学大师钱穆,还是苏州中学的汪茂祖校长和严晓帆等诸多老师,以及他求学清华园时的叶企孙、吴有训、马约翰、顾颉刚(时任教于燕京大学)等教授,均为中国近现代的教育界和学术界名家大师。钱伟长从这些名师的教导中不仅领略了浩瀚知识海洋的魅力,更是从大师的高尚品德中学得了如何做人处事,如何为国奉献的爱国情操。正如马克思所指出的,"一个人的发展取决于和他直接或间接进行交往的其他人的发展"[①]。

钱伟长爱国主义思想的形成可以大略分为两个阶段:其一为中小学的发展阶段,其二为大学时代的定格阶段。

一、中小学里名师教诲

(一)奠基定调,叔父钱穆

著名国学大师钱穆(1895—1990),字宾四,是钱伟长的二叔。因在祖父一脉所传的兄弟中排行第四,钱伟长尊称其为"四叔"。钱穆原名恩鑅,其后用名"穆"是钱伟长的父亲钱挚所改,取自《尚书·舜典》:"宾于四门,四门穆穆"。而钱伟长的名字又是钱穆所取。源由是中国古代著名的"建安七子"中有一位叫徐干的才子,字"伟长",擅诗赋,所写五言诗妙绝当时。为此,钱穆为长侄取名"伟长",就是希望他长大后能成为像徐干一样的学问家。

钱穆是中国现代著名史学家,学术界尊之为"一代宗师"。虽仅上过中学,却靠非凡的刻苦自学成才,学术上卓有成就,毕生著述甚丰,精通经史子集,香港学术界称他是"博通四部,著作等身"[②]的国学大师。更有学者谓其为中国最后一位士大夫、国学宗师。

---

① 《马克思恩格斯全集:第3卷》,人民出版社1976年版,第515页。
② 陈勇:《国学宗师钱穆》,北京大学出版社2007年版,第342页。

由于父亲英年早逝，钱伟长从小跟随四叔钱穆长大，他的世界观、人生观与价值观的形成，受四叔的影响为最甚。四叔不仅资助钱伟长完成中等教育，而且经常让其陪读。少年钱伟长跟着四叔博览群书，打下了深厚的国学根底，养成了良好的学习习惯和严谨学风。在四叔的帮助和熏陶下，钱伟长对中国历史和文化一直保持着浓厚的兴趣。不仅如此，四叔深刻的忧国忧民的爱国情怀深深影响了青少年时期的钱伟长。

钱穆诞生那年正是甲午战败、割让台湾之时。他的一生与甲午战败以来的时代忧患相终始，而他的治学始终充满了强烈的民族忧患意识和爱国家、爱民族的真情。为此，唐君毅曾如此评价："钱先生自幼以中国读书人之本色，独立苦学，外绝声华，内无假借，30年来，学问局面一步开展一步，而一直与中国甲午战败以来之时代忧患共终始"①。

钱穆具有强烈的民族意识，他对日本人的入侵愤慨尤为深刻。华北事变后，他曾撰文道："是时华北之风云骤紧，日处危城，震荡摇撼，奇诼蜂起，所见所闻，疑非人境。"他对"一二·九"学生运动被国民党当局镇压深感沉痛，在给顾颉刚主编的《崔东壁遗书》一书的序中说，"北平各大学青年爱国运动骤起，牢狱之呻呼，刀刃之血滴，触于目，刺于耳，而伤于心"，让他"一室徘徊，胸沸脉竭"②。他在"九·一八"事变后完成的名著《中国近三百年学术史》中，大力表彰晚明遗老不忘种姓的民族气节，实则暗寓反抗侵略的写作意旨。钱穆还与百余名平津知识界教授一起，联名签署《抗日救国宣言》，要求政府集中力量，一致对外抗战，表达了他们以天下为己任的强烈爱国主义意识和对国家前途、民族命运的高度关注。当抗战处于极端困难时期，国民党军队溃败，大好河山沦丧，一些人对此失去了信心。而钱穆在西南联大给学生上"中国通史"课时则告诉学生，"从几千年来的中国历史的动态波荡中可以仔细观察思考，今日的中国是

---

① 陈勇：《国学宗师钱穆》，北京大学出版社2007年版，第2页。
② 陈勇：《国学宗师钱穆》，北京大学出版社2007年版，第137页。

绝对不会灭亡的,是绝对有希望的、有前途的"①,表达了他诚挚的爱国爱民的情怀。这不仅增加了学生对国史的兴趣,还增强了他们的爱国主义情感和民族自信心。

钱穆认定加强中国传统文化教育是唯一的救国之道,因此他的一生都致力于中华传统和中国文化的创新。他积极倡导"爱家庭、爱师友、爱国家、爱民族、爱人类,为求学做人之中心基点;对人类文化有了解、对社会事业有贡献,为求学做人之向往目标"的教育理念。

钱穆一生任教75年,桃李满天下,饮誉海内外。他曾以92岁高龄在台北寓所素书楼为台北中国文化大学史学研究所博士生讲授一生中的最后一堂课——"中国文化思想史"。他在课堂上殷殷寄语学生:"你是中国人,不要忘了中国,不要一笔抹杀自己的文化,做人要从历史里探求本源,在大时代的变化里肩负维护历史文化的责任。"②此前三月,他还发表了《丙寅新春看时局》,谓"此下的中国,只有全中国和平统一始是个大前途、大希望。和平统一是本中国传统的文化精神和民族性的大前途、大理想、大原则"③。在生命的最后岁月里仍然表达了他对祖国、民族和未来中国的深切关怀与对青年的殷切希望。

钱穆在台北去世后,钱伟长曾送挽联及祭文痛悼四叔:

生我者父母,幼吾者贤叔,旧事数从头,感念深恩宁有尽;
于公为老师,在家为尊长,今朝俱往矣,缅怀遗范不胜悲。
燕山苍苍,东海茫茫。呜呼吾叔,思之断肠。
幼失父怙,多赖提携。养育深恩,无时或忘。④

钱伟长在世纪之交钱穆逝世十周年之际撰文追忆养育之恩,"四叔是

---

① 陈勇:《国学宗师钱穆》,北京大学出版社2007年版,第150页。
② 陈勇:《国学宗师钱穆》,北京大学出版社2007年版,第322页。
③ 钱穆:《丙寅新春看时局》,载《联合报》(台北)1986年3月10、11日。
④ 钱伟长:《隔岸悼四叔》,《钱伟长文集(下卷)》,上海大学出版社2013年版,第865页。

一个有浓厚中国文化修养的人,他深爱着祖国,只是种种经历,使他成为游子"①,高度赞扬其"忧国忧民,渴望富强"的赤子胸怀,对叔父生前未能重回故土深表遗憾。从中也可以看出钱穆对钱伟长一生思想形成的深刻影响。

(二)悉心引导,苏中群师

江南名校苏州中学具有悠久历史,其时拥有一个由新中国成立前后分别成为各个学科泰斗的名师组成的师资阵容,如后来被尊称为国学大师的国文教师钱穆,新中国成立后任北京大学教授的西洋史教师杨人楩,历任清华大学、北京大学教授,新中国成立后任中国社会科学院语言研究所所长的中国史教师吕叔湘,曾主编我国第一本全国分省地图的地理教师陆侃舆,曾编著了我国第一本高中生物学教科书的生物教师吴元涤,新中国成立后任南京大学西语系主任的英文教师沈同洽,新中国成立后任北京国乐研究所所长的音乐教师杨荫柳以及数学教师严晓帆等。

老师们钻研学术的精神,丰富的知识,富有内涵的教育和精彩的讲课,对培养钱伟长积极探索文化宝库的能力和涉猎科学知识的兴趣产生极大的影响。他们给钱伟长打开了一个广阔的文化世界,为他的人文修养和文化底蕴奠定坚实基础。

除了亲授文学课的钱穆,"在杨人楩的西洋史课上,法国大革命的故事使他心醉神驰;吕叔湘的中国史课具有极强的魅力,也使他了解到祖国近百年来所受的屈辱"②;尤其是陆侃舆生动活泼并详尽仔细的授课方式,让钱伟长眼界大开,"第一次理解汉、满、蒙、回、藏的区域,知道了五口通商的意义,知道香港、澳门和远东半岛、台湾原来都是被列强侵略割让的领土等"③。陆老师教授的"本事"让钱伟长"用得得心应手","地理学

---

① 钱伟长:《怀念钱穆先叔——钱穆宾四叔逝世十周年忆养育之恩》,《钱伟长文集(下卷)》,上海大学出版社2013年版,第1269页。
② 冯秀芳:《钱伟长的治学理念和教育思想》,上海大学出版社2007年版,第12页。
③ 钱伟长:《怀念钱穆先叔——钱穆宾四叔逝世十周年忆养育之恩》,《钱伟长文集(下卷)》,上海大学出版社,2013年版,第1262页。

得很好",对他"一生都是很有用的","现在每到一处心目中就会有幅地图"①。此外,数学老师严晓帆是钱伟长的班主任。他体谅钱伟长的数学功底差,允许钱伟长每晚到他的办公室共灯夜读,从此钱伟长养成了"开夜车"的习惯,而且把这个习惯一直保留到晚年。

钱伟长说:"在苏州高中的老师的引导下,使我走出了为解决个人生活而学习的小径,启迪了我对追求真理、追求学术探索的无尽向往"②。

二、清华园中众贤引导

(一)一代师表叶企孙

我有很多老师,而叶企孙教授是对我影响最深的老师之一。

——钱伟长

叶企孙(1898—1977),上海人,原名叶鸿眷,号企孙。哈佛大学哲学博士。中国科学院学部委员(即院士),中国物理学会的创始人之一,第一届全国政协委员。新中国成立前为清华大学的核心领导人物之一,曾任清华大学物理系主任、物理研究所所长、理学院院长、清华大学校务委员会主任。他数度以校务委员会主席和代校长名义主持校务,是当时中国科学界实际上的领导。

叶企孙本人在物理学上的研究成果深受国际科学界的重视。其一,他是"国际上用X射线衍射实验正确测定量子力学中的基础数据普朗克(Planck)常数的功勋科学家,他的四位数字的普朗克常数曾沿用了长达16年之久。历经了爱因斯坦相对论的证实、量子力学的建立和发展、核裂变的认识和利用等许多近代科学的考验"③。其二,他开创性地研究了流体静

---

① 钱伟长:《怀念钱穆先叔——钱穆宾四叔逝世十周年忆养育之恩》,《钱伟长文集(下卷)》,上海大学出版社,2013年版,第1262页。
② 钱伟长:《八十自述》,《钱伟长文集(下卷)》,上海大学出版社2013年版,第970页。
③ 钱伟长:《怀念我的老师叶企孙教授》,《钱伟长文集(下卷)》,上海大学出版社2013年版,第1098页。

压力对铁磁性金属的磁导率的影响,这是20世纪20年代在物质铁磁性方面的一项重要研究工作。晚年的叶企孙还做了许多科学史的研究。他的一些科学史研究论文迄今还是研究科学史的楷模。

1993年,时任中国科学院院长的周光召在《纪念叶企孙先生》一文中,评价叶企孙是"我国近代物理学的奠基人之一和我国物理学界最早的组织者之一,为我国物理学研究与理科教育、科学事业和教育事业的发展,做出了突出的贡献"[1]。事实上,叶企孙所起的作用的确可以称为中国近代物理学的"鼻祖,是主心骨,是事业的核心,人才的源头"[2]。

此外,影响更为深远的是叶企孙爱国无私的高尚人格。他以毕生精力培养人才,为国家奉献终生却始终虚怀若谷,噤口不言功劳,事迹鲜为人知。1957年夏,中国科学院吴有训副院长说:"我们不仅向叶先生学习他那渊博的知识,还应该学习他的人品。他与清华有着血肉关系,每当重要关头,他都挺身而出。清华能办成一流大学,人才辈出,叶老起了重要作用,但他从不居功,往往是功成身退,总是以一个普通教员自居。"[3]然而,桃李不言,下自成蹊。叶企孙弟子美籍华裔物理学家李政道高度评价大师风范,称其为"影响一生科学成就的恩师","非常敬仰他,永远怀念他",并指出叶企孙是"杰出的科学家、教育家和爱国者,对中国的物理学做出了不可磨灭的贡献",他的创业成就"可以跟20世纪初的加州理工学院相媲美的"[4]。

1. 爱国先驱,鲜为人知

钱伟长晚年曾回忆道:

> 从五四运动后,清华的学生运动接连不断,叶老师的家中,也是

---

[1] 钱伟长,虞昊:《一代师表叶企孙》,科学技术出版社1995年版,第22页。
[2] 虞昊,黄延复:《中国科技的基石——叶企孙和科学大师们(第二版)》,复旦大学出版社2008年版,第125页。
[3] 钱伟长,虞昊:《一代师表叶企孙》,科学技术出版社1995年版,第185页。
[4] 虞昊,黄延复:《中国科技的基石——叶企孙和科学大师们(第二版)》,复旦大学出版社2008年版,序第2—3页。

年轻人议论这些事情的场所,叶老师总是抱着同情的心情参加议论。尤其在'一二·九'运动期间,有几次反动军警包围搜捕清华学生时,有不少学生领袖就曾躲藏在叶老师的北院七号家中,殷大钧、何凤元和叶老师就很熟悉。①

叶企孙不仅同情关心青年学生,还非常支持学生的爱国运动。"一二·九"运动时期,钱伟长等爱国学生组织南下请愿行动,又组织自行车南下请愿队。叶企孙得知钱伟长参加请愿队后,亲自安排同学调换新自行车并赠衣服给钱伟长,还给车队配备御寒毯子,而且和梅贻琦校长公开送行而不劝阻。他还暗中出钱资助,嘱咐他们路上要小心,给南下爱国学生以极大的支持和信任。在学生被捕后,又不遗余力,多方营救。他还起草过"揭露和痛斥日本战犯土肥原策动殷汝耕等大汉奸搞'华北五省自治'罪行"的全国通电。1945年,他以清华代校长的身份主持"一二·一"四烈士善后事并组织法律委员会控诉国民党杀害师生的罪行。

1932年刘汝明于喜峰口抗击日寇后,在清华学生的慰问行动中,叶企孙不仅即时交涉学校每次出大客车三辆,而且主动让私人司机驾车给慰劳团使用,还亲自参加慰劳团,一直到了喜峰口外滦河桥前线。当时钱伟长也在现场,亲眼所见,深受叶企孙高风感动。钱伟长还耳闻,叶企孙为庆祝1936年傅作义部绥远百灵庙击败日军大捷,亲自发起清华教师捐款捐物,送往前线慰问将士。

叶企孙还多次掩护爱国青年学生,帮助他们脱离反动军警的搜捕。如1936年2月,在钱伟长的配合下,掩护清华大学学生地下党书记牛佩琮脱险。

抗战爆发后,叶企孙于1938年10月5日离开天津,经沪抵港,在港期

---

① 钱伟长:《怀念我的老师叶企孙教授》,《钱伟长文集(下卷)》,上海大学出版社2013年版,第1099页。

间,通过蔡元培与宋庆龄取得联系,请求给冀中根据地捐款捐物[①]。叶企孙还积极组织学生秘密制造炸药军火,装配无线电收发报机,炸毁日军火车,并动员学生直接到抗日前线参战,为抗日前线输送了大批科技专家[②]。如鼓励最亲密的学生熊大缜投笔从戎,到吕正操将军领导的冀中抗日根据地,利用专业知识为部队制造烈性炸药、地雷、雷管、无线电等军需品。后叶企孙又多次亲自秘密安排,派一批清华师生员工穿越日军封锁线进入冀中,以技术支援抗日游击战。其中他一手培养并送到根据地的爆破专家阎裕昌,在根据地教老百姓造炸药、地雷,使他们有了保家卫国的本领。后阎裕昌不幸在1942年的战斗中被日军俘获,这位不屈的清华人被日军用铁丝穿过锁骨拖着游街,依然高喊口号痛斥日寇,被恼羞成怒的日本鬼子用刀割舌头并一刀一刀斫死。

叶企孙本人在天津冒着被日军发现的危险组织爱国师生秘密生产TNT炸药、无线电发报机等,偷运至冀中供应抗日部队。美国外交官曾深入抗日根据地考察,回国后在报纸上撰文称,冀中的各色地雷不逊于美国的火箭,"美国的技术中国的晋察冀都有了"[③]。叶企孙甚至一度考虑过亲赴冀中,以解决技术上的难题,后被学生多方劝阻方才作罢。事实上,"比起冀中的技术工作,他在天津租界从事的筹备军用物资工作,其危险性和困难的程度要大得多"[④]。后来他的学生回忆道,"先生虽有慎行、冷静、超然于政治之外的品性,但在那民族生死存亡之际,祖国需要忠勇之士的时候,他站出来了"。

---

① 虞昊,黄延复:《中国科技的基石——叶企孙和科学大师们(第二版)》,复旦大学出版社2008年版,第382页。
② 具体事例可参见以下文章:钱伟长:《怀念我的老师叶企孙教授》《钱伟长文集(下卷)》,上海大学出版社2013年版,第1098—1106页;常甲辰:《叶企孙、汪德熙等科学家与冀中》,载《抗日中共党史资料》2006年第3期;黄延复:《叶企孙:中国两弹一星之祖》,载《国际人才交流》1998年第5期;虞昊:《忆反法西斯战争时期的叶企孙》,载《物理》1995年第9期。
③ 虞昊:《忆反法西斯战争时期的叶企孙》,载《物理》1995年第9期。
④ 常甲辰:《叶企孙、汪德熙等科学家与冀中》,载《抗日中共党史资料》2006年第3期。

最为令人敬佩的是,叶企孙从未与人说起过当年自己参与的抗日活动。他曾对好友陈岱孙说,"第一是这种事本是任何一个中国人应该做的,第二是为了保护这些浴血抗日的同志们"①。

叶企孙的抗日爱国事迹,难以尽数枚举。然而仅从上文所举数例,我们已经不难发现,叶企孙虽然是一个从不参加党派和过问政治的专心致志于科学和教育事业的知识分子,一个手无缚鸡之力的书生,却以一颗炽热的爱国心和远见卓识,在中华民族的危急存亡关头,以他的科学智慧和崇高品德对抗日斗争做出了难以估量的贡献并产生深远影响。

2. 十年树木,百年树人

清华大学校长梅贻琦有句名言:"大学者非有大楼之谓也,有大师之谓也。"这也是叶企孙的信条。叶企孙很早就看到中华民族近百年来挨打受欺的根本原因和治本之道。20世纪20年代他在欧美留学考察时就感悟到,"在这弱肉强食的世界,中华民族只有靠科学才能立足,仅凭爱国的热情和不怕牺牲的精神是无法免遭科技上占极大优势的帝国主义的欺凌侵略的,义和团那样可歌可泣的反帝斗争的结局就足以发人深省了,为此必须培养中国的科技人才,从而提高整个国家的科技力量"②。因此70多年前他就对王淦昌说:"强食弱肉,是亘古不变的法则,要想我们的国家不遭到外国人的凌辱,就只有靠科学!"③他教导学生,"作为一个青年搞物理学要看国家的需要,不要仅凭兴趣","希望大学共同努力去做科学研究……诸君要知道:没有自然科学的民族,决不能在现代立脚得住"④。

自20世纪30年代始,叶企孙创建了颇负盛名的清华物理学系和理学院,不断聘请名教授来校,始终把聘任第一流学者到清华任教列为头等大

---

① 虞昊:《忆反法西斯战争时期的叶企孙》,载《物理》1995年第9期。
② 虞昊:《忆反法西斯战争时期的叶企孙》,载《物理》1995年第9期。
③ 《以身许国铸长剑丨纪念王淦昌院士》,https://www.sohu.com/a/679989149_469325?scm=1102.xchannel:325:100002.0.6.0.
④ 虞昊:《中国"两弹一星"鼻祖叶企孙院士》,载《科学中国人》2000年第7期。

事,实行"理论与实验并重,重质而不重量"的办学方针,培养出一批又一批的高质量人才,为我国科学事业发展和清华大学在短期内跻身于著名大学之林做出重要贡献。人才的培养本已不易,高级人才的养成更是需要较长的时间。翻开"两弹"工作的功臣名单,可以看到,23位"两弹一星"功勋奖章获得者中,半数以上是叶企孙的弟子;再翻阅一下中国科学院的学部委员名单,各个领域里都有叶企孙的弟子或者是在他的指导、提携下出国深造的后辈。

当具有强烈爱国思想的钱伟长因"九·一八"事变消息毅然决定弃文从理以"科学救国",而由于自身文理科成绩差别甚大被清华物理系所拒时,叶企孙毫不犹豫地伸出了援助之手,"青年在国难当头,弃文学理,科学救国,无可厚非"[①]。钱伟长回忆说:

> 我们在那天晚上到了叶老师家,出乎意料,叶老师不是我所想象的那样是一位西装革履的教授,而是一位身穿灰色长袍,脚上穿着一双布鞋,身材不高的和蔼长者。说话有些口吃,一听见我的诉说,就安慰我,说不要着急,你这点要求可以慢慢研究,当听说我的数学物理考得不好时,就鼓励我说,听说你文史考得很好,如能学好文史,只要有决心,同样也能学好数学物理。[②]

叶企孙还以学《史记》为例,说明学习贵在融会贯通,不在于背熟某些细节,不论哪个学科都是一样的。

> 他这场谈话,使我学物理的信心倍增,而且也是从此以后,成为

---

① 钱伟长:《怀念我的老师叶企孙教授》,《钱伟长文集(下卷)》,上海大学出版社2013年版,第1100页。
② 钱伟长:《怀念我的老师叶企孙教授》,《钱伟长文集(下卷)》,上海大学出版社2013年版,第1100页。

学习各种科学的指导方针[1]。

叶企孙还给钱伟长出主意,"要转系还得作好人的工作,首先得争取你叔父的支持"[2]。不仅如此,叶企孙还亲自做物理系主任吴有训教授的工作,同时通过顾颉刚等教授去做钱穆和中文历史系老师的工作。在叶企孙的指导和帮助下,钱伟长终于转学进了物理系,这一决定改变了他一生的学术道路和人生历程。

叶企孙和物理系的其他著名学者在极其简陋的条件下从事着当时世界物理界最为前沿的研究,虽然限于社会条件限制没有办法立即转化为生产力,使国家走上腾飞的道路,但对"年轻人而言,建立了民族自尊心,在以后一辈子的实践中,更证明虽然我们深知工业先进的国家有先进的技术,但绝不说明中国人不行,只说明社会组织的落后,阻碍了中国人的才智不能得到应有的发挥"[3]。在这样的环境下,钱伟长"得到了终生难忘的良好教育,而这种教育的缔造者应该说是叶企孙老师"[4]。应用光学专家王大珩院士也这样说:"叶先生不仅教我学知识,更重要的、使我终身受益的是,我从这位老师身上学到爱国的、无私的人格。"[5]

叶企孙以其深厚的爱国主义思想、绝佳的个人魅力和先进的教育理念为我国培养了大批自然科学事业的奠基人和鞠躬尽瘁的爱国者。钱伟长就是其中深受叶企孙熏陶的一位。晚年钱伟长撰文追念叶企孙时,充满着极其深厚的感情,他高度赞誉叶企孙,认为他是一位"伟大的爱国者,他的一生是一个解放前出生的现代中国知识分子为爱国事业尽了应尽的

---

[1] 钱伟长:《怀念我的老师叶企孙教授》,《钱伟长文集(下卷)》,上海大学出版社2013年版,第1100页。
[2] 虞昊:《忆反法西斯战争时期的叶企孙》,载《物理》1995年第9期。
[3] 钱伟长:《怀念我的老师叶企孙教授》,《钱伟长文集(下卷)》,上海大学出版社2013年版,第1102页。
[4] 钱伟长:《怀念我的老师叶企孙教授》,《钱伟长文集(下卷)》,上海大学出版社2013年版,第1102页。
[5] 陈明洋:《当年事——南方周末解密档案》,文化艺术出版社2005年版,第295页。

责任的一生"①。

(二)楷模导师吴有训

> 终身从事科教兴国之楷模。
>
> ——钱伟长

吴有训(1897—1977),字正之,汉族,江西高安人。中国近代物理学奠基人,科学家,教育家,中国科学事业的杰出领导人和组织者,对中国科学事业特别是新学科的建立和发展起了积极的推动作用。

1920年毕业于南京高等师范学校(今南京大学)。1921年赴美入芝加哥大学,随阿瑟·霍利·康普顿教授(Arthur Holly Compton)从事物理学研究,1926年获博士学位。同年秋回国,先后在江西大学和中央大学(今南京大学)任教,1928年秋起任清华大学教授、物理系主任、理学院院长(1938年后在西南联合大学8年)。1945年10月任中央大学校长。1948年底起任上海交通大学教授,1949年任校务委员会主任。1950年夏任中国科学院近代物理研究所所长,同年12月起任中国科学院副院长。

1949年,吴有训作为无党派民主人士的代表出席第一届中国人民政治协商会议,以后又被选为第二届中国人民政治协商会议全国委员会委员,第三届中国人民政治协商会议常务委员,第一、二、三、四届全国人民代表大会代表,第二、三、四届全国人民代表大会常务委员会委员。1977年11月30日在北京逝世。

吴有训是钱伟长在清华物理系求学期间的系主任,还是他的本科生学习阶段的授课教师和硕士研究生阶段的导师。其治学风格及为人处世之道对钱伟长的影响非常之大。钱伟长认为,吴有训的"治学态度、教课精神,以及在管理上以身作则的严格要求",对自己影响很深,成为自己

---

① 钱伟长:《怀念我的老师叶企孙教授》,《钱伟长文集(下卷)》,上海大学出版社2013年版,第1106页。

"终身学习和工作的楷模"[1]。以至在吴有训诞辰100周年之际,84岁高龄的钱伟长亲笔题字"终身从事科教兴国之楷模"以缅怀恩师。

1. 少年情怀,科教兴国

青少年时代的吴有训对于自己的人生奋斗目标就有了初步的打算。他记得,伟大的民主主义革命者孙中山曾经讲过一番话:国民革命需要两路大军,一路大军是举行起义,建立民众政权;另一路大军则是学习西方先进科学技术,改变我国贫穷落后的面貌。而当时的中国,积贫积弱,"东亚病夫"的称号是中国在世界上最出名的代名词。作为"匹夫",他认为自己对于改变祖国的面貌具有不可推卸的责任。

南京高等师范学校校园内有这么一个社团,叫作"中国科学社",原是由一批留美中国学生于1914年成立于美国,四年后迁回国内并设于南京高等师范学校校园内。时任社长任鸿隽。秉志、过探先、胡刚复、杨杏佛、竺可桢等都是中国科学社的成员。这些年轻的教授们在吴有训心中埋下了科学救国的种子。被教授们点燃的科学救国之火,以星火燎原之势在年轻的学子心中顺势蔓延。

从南京高等师范学校毕业后,23岁的吴有训回到母校江西省立南昌第二中学担任教员。此时的江西没有大学,能成为全省首屈一指的模范中学的教员,是一件令人艳羡的事情。每月40块银元的薪金,相比8块银元即可维持温饱的百姓之家[2],吴有训此时的生活足以跻身小康之列。但此时的吴有训,其眼光已经不在于一个糊口之业。他觉得,物理学是科学的基础学科之一,中国的科学事业要得到发展,若没有一批出类拔萃的物理学家以及他们的创举,几乎是不可能的。他相信"科教兴国"这条道路是中国最需要走的路,是大有作为的强国之路,但人才的培养不能仅仅靠自己的勤奋努力。

---

[1] 钱伟长:《怀念我的老师吴有训教授》,《钱伟长文集(下卷)》,上海大学出版社2013年版,第859页。
[2] 聂冷:《吴有训传》,中国青年出版社1998年版,第30页。

美国芝加哥大学物理系,培养了一批批著名的物理学家,我国物理学界的李邦耀、颜任光、饶毓泰、叶企孙和周培源等人都曾在芝加哥大学深造。令人神往的世界科学前沿阵地和现代物理学新门径向这位在科学道路上奋勇前进的青年人伸出了"橄榄枝"。结合自身研究物理学的实际情况,吴有训选择了"科学救国"的道路,并勇敢地迈出了第一步,通过自己的努力去实现预期的人生目标。为此,吴有训勤奋努力,以优异的成绩考取了官费留学。

2. 扬名海外,矢志归国

芝加哥,美国仅次于纽约的第二大城市,也是美国的海陆空交通枢纽重镇,形如半片残缺的树叶。濒临密执安湖的芝加哥大学,绿树成荫,环境秀美,水天一色。曾有"煤油大王大学"之称的芝加哥大学是美国最著名的私立大学之一,已有51名校友获得过诺贝尔奖奖金(其中包括华裔杨振宁和李政道),有150名曾担任各国大学校长(其中包括中国的吴有训、周培源等),有45%的校友在大学任教,故又有"教师之教师"的美称①。芝加哥大学也是最早同中国开展人员和学术交流的美国大学之一。教授约翰·杜威(John Dewey)就曾于1919年到中国讲学和做研究,并在胡适的陪同下周游了中国。

1922年初,求知若渴的吴有训远涉重洋,踏进太平彼岸的芝加哥大学研究生院,开始了他的求学生涯,师从当时的物理学大师阿瑟·霍利·康普顿教授。吴有训对近代物理学的重要贡献主要是全面地验证了康普顿效应,该效应被认为是近代物理学发展上的一个转折点。

康普顿教授最初发表的论文只涉及一种散射物质(石墨),尽管已经获得明确的数据,但终究只限于某一特殊条件,难以令人信服。为了证明这一效应的普遍性,吴有训在康普顿教授的指导下,做了7种物质的X射线散射曲线,证明只要散射角相同,不同物质散射的效果都一样,变线和

---

① 聂冷:《吴有训传》,中国青年出版社1998年版,第35页。

不变线的偏离与物质成分无关。但是这些还不足以否定反对者的论据。此后,吴有训对康普顿效应作了进一步研究,测定了X射线散射中变线和不变线之间的强度比随散射物原子序数变化的关系,由此证实并发展了康普顿的量子散射理论,把康普顿效应的理论向前推进了一步。吴有训以雄辩的事实,无可置疑地证实了康普顿效应,发展和丰富了康普顿的工作,使康普顿效应的怀疑者放弃了原有观点。

"康普顿效应"这一伟大发现,终于获得了举世公认。世界诺贝尔奖金评选委员会决定将"康普顿效应"的发现列入下一届物理学奖的名单,并写信通知了康普顿教授,让他写下这一创举的过程、价值以及获得候选人的名单。

康普逊教授决定除自己以外,提名加两个人同时受奖。他们是威尔逊和吴有训。威尔逊是云雾室的创始人,也是(对)进行"康普顿效应"实验有贡献的人,理应分享这份荣誉。而在康普顿教授眼里,吴有训是自己最得力的助手,没有他的许多精确而成功的实验,这一成功是难以想象的。

当康普逊教授把自己的意愿诚恳地告知吴有训时,吴有训连连摇手,不安地说:"不行,不行,我的名字不应当放在里面,这是老师的功劳,我只是作为一名助手,做了理应做的事情。"

"可是,在我看来,你的工作和贡献已经超越了助手的范围。"说这话时,康普顿教授动了感情,他回想起在那些证实"康普顿效应"的日日夜夜里,吴有训废寝忘食、不辞辛劳的情景,心中不由地升起了一种感激之情,并说:"正之,如果没有你的工作,我的实验将会遇到很多麻烦,也许成功还需要更长的时间……"

吴有训十分钦佩康普顿宽广的胸怀和诚恳待人,但他用十分果断的口气回答:"如果没有我,教授,您的研究和实验同样会有飞快的进展。我认为,一个伟大的真理的诞生,是任何艰难险阻也抵挡不住的。我想,这应该是人类进步、科学事业发展的客观规律。"①

吴有训的名字终于在获奖名单上划去了。康普顿于1927年荣获诺贝尔物理学奖。康普顿在和S. K. 阿里逊(S. K. Allison)合著的《X射线的理论与实验》(*X-rays in Theory and Experiment*)一书中,对吴有训的工作给予了高度评价。全书有19处运用了吴有训的研究成果。特别引人注目的是,康普顿教授把吴有训的一张被15种元素所散射的X射线光谱图与他自己的以石墨所散射的X射线光谱图并列,作为证实其理论的主要依据。吴有训这张X射线光谱图在后来的几十年中被人们广泛引用。此图还被收入到吴有训的博士论文《论康普顿效应》之中。这篇轰动世界的论文至今仍保留在芝加哥大学的图书馆里,成为世界物理史上光辉的一页。康普顿教授甚至认为,"康普顿效应"可以称为"康普顿-吴有训效应"。这个命名在1935年出版的《X射线的理论与实验(第2版)》中得以实现。

吴有训在物理学方面的研究工作,"是中国物理学家在世界上参加并取得出色成果的第一项工作"②。在此之前,还没有中国人登上过国际物理学的讲坛。而29岁的吴有训以他的聪明才智和不懈努力,为一向被西方国家视为"东亚病夫"的中国人很好地争了一口气。此时的吴有训,前途一片光明灿烂。如果选择留在美国,导师康普顿对他的高度赏识以及美国优越的科研环境将让他前途无量。有学者这样评价:

> 康普顿先生认为他一生有两名最得意的学生,一名是吴有训,一名是阿尔瓦莱兹。阿尔瓦莱兹后来也获得诺贝尔奖。可以想象,如果吴有训能坚持留在西方专心学术研究的话,第一位获得诺贝尔奖的中国人,到底是他的学生杨振宁、李政道,还是他本人,那是很

---

① 林家治:《吴有训图传》,湖北人民出版社2006年版,第51—52页。
② 赵忠尧:《吴先生的一次有益劝导》,载戴佳臻:《吴有训》,中国文史出版社1990年版,第3页。

难说的。①

而恰恰在这个寻常人难以企及的最佳机遇面前,吴有训却毅然坚定地选择了另外一条人生之路。

"康普顿先生,您的'效应'已经成功,我祝贺您!但看来,我也得向您辞行了。"公元1926年7月15日,康普顿先生正在他的家庭晚宴上祝贺吴有训加入美国原子分子学会,吴有训却举着酒杯,微微笑着,说出了一句颇让康普顿感到意外的话。

"告辞?你去哪?"康普顿先生惊讶地问。

"回中国。我在美国的研习时间已到期,我该回国服务了。"吴有训平静地说。

"嗯——吴有训,要是别人,我就不说了。但是,像你这样的人才,我却不能不跟你说,你留在美国,不,去欧洲也行,将会有很好的学术前景。你要是想换换研究领域和环境,我可以介绍你到很多地方去。你已在国际物理学界有一定知名度,许多研究室都会欢迎你的。"康普顿诚恳地说。②

导师的殷切期望和绝佳安排没能动摇吴有训归国的心情。他诚恳地说:

"谢谢您的好意,康普顿先生。可是,我毕竟是个中国人!"

"我知道,你是要回国服务!可是,你回国后能做什么?中国没有研究条件,你的学术生命将会枯萎。最终,你将一无所获。那时你

---

① 聂冷:《吴有训传》,中国青年出版社1998年版,第65页。
② 聂冷:《吴有训传》,中国青年出版社1998年版,第65—66页。

将会发现,还不如留在国外为中国人在国际上挣点面子更有意义。"康普顿先生执意挽留说。

"非常感谢,康普顿先生,这些我都想过。不过,中国的问题绝不是在国外拥有一两位拔尖的科学人才就能解决的,也还不是靠我这一代人所能解决的。中国现在还是一片荒地,需要用科学和民主的犁去耕种。我这一代人合该是吃苦受累的躬耕播种者;收获,那将是下一代,也许下两代三代人的事。我回国,肯定主要是教书。我不久就会陆续选送很多很多的学生来。中国必须有千千万万了解世界、懂得科学的人才,然后方可以谈得上进步。就为了这个,我不得不作出某种牺牲。"吴有训解释说。①

赤诚的爱国之心和恳切的话语让康普顿教授为之动容。他不再说什么了,率领全家举起酒杯为吴有训送行。康普顿一生赏识这位来自大洋彼岸的学生,甚至在多年后拜托杨振宁问候吴有训。著名物理学家王淦昌曾提及这么一件往事:

> 1962年1月杨振宁教授从国外曾赠给吴老一册他自己所写的书,在扉页上题词说:"年前晤 A. H. ComPton 教授,他问我师近况何如,并谓我师是他一生中最得意的学生。"②

当时康普顿已七十高龄,师生情谊可见一斑。

事实上,在吴有训归国之后,躬耕教坛半个世纪,无时无地不在践行着当年在导师面前许下的诺言。他"热情关注学生,不论多忙,他总是和颜悦色地接待我们,不厌其烦地解难释疑"。在吴有训的影响下,钱伟长

---

① 聂冷:《吴有训传》,中国青年出版社1998年版,第67页。
② 王淦昌:《深切怀念吴有训先生》,载《物理》1987年第16期。

"逐步理解了什么是科学工作,什么是一个现代中国青年对民族和祖国的责任,也更理解到从事科学工作对一个人的一生将要付出的代价是无法想象的"。所以,跟吴有训接触得越多,"向他学习的心意越坚定"。①

3. 青年师表,鞠躬尽瘁

吴有训学成归国后,一方面认真讲授近代物理学,一方面积极倡导和组织近代物理学的科研工作。为了更好地进行科学研究,他创建了国内第一所近代物理实验室。10年中从理论上探讨X射线的气体散射,先后在国内外发表了10多篇论文。著名物理学家严济慈曾称赞吴有训的研究工作"开了我国物理学研究的先河"。

自1928年起,吴有训在清华物理系执教17年。在1934年和1937年分别接替叶企孙出任清华大学物理系主任与理学院院长之后,他始终把教学质量放在第一位,同时坚持主张"教师不能脱离科学研究"。此外,他广揽名师,延聘学高诣深的学者到校任教。他注意发扬民主,尊重教职员工。在叶企孙和他的主持下,清华大学物理系逐渐发展成为闻名中外的培养物理学人才和科学研究的基地。

在清华大学任教期间,吴有训对学生的学业从严要求,本着宁缺毋滥的原则选拔学生。他精心育人,因材施教,总是诲人不倦,鼓励青年人进步,为国家培育出了一大批先后蜚声中外的科学家。有人统计,仅从1929年至1938年期间,物理系毕业生中就有22人后来成为中国科学院院士,其中包括王淦昌、钱伟长和于光远等。

王淦昌对于吴有训指导他完成第一篇科学论文的事情一直记忆犹新。他回忆道:

记得在毕业后的半年内,吴有训老师让我独立完成一项实验工

---

① 钱伟长:《怀念我的老师吴有训教授》,《钱伟长文集(下卷)》,上海大学出版社2013年版,第860页。

作。这一实验的题目是测量清华园周围氡气的强度及每天的变化。为了选择简便的实验方法,吴老师带领我一起翻阅杂志,建立实验装置……四个月后,在吴老师指导下,我成功地完成了这一实验工作,并写出科学论文。吴老师对这一工作很满意。我在1942年发了一篇关于中微子探测问题的文章,吴有训先生看到后很是赞赏,并亲自代为请求范旭东奖金。①

"像物理系的学生翁文波、赵九章、傅承义、赫崇本等,都是在他们(指吴有训教授和叶企孙教授,笔者注)的鼓励下走上了地质、地震、海洋、气象等科学行列的,也都成为新中国成立后我国在这些方面的学术带头人"②。还有,钱三强在吴有训的指导下改学物理并得以到法国作原子核物理研究。

钱伟长也是在吴有训的鼓励和关心下获得了深造的机会。钱伟长曾经回忆说:

吴老师讲课与众不同,从不带讲稿,不是照本宣科。每堂课讲一个基本概念,从历史的发展讲起,人们怎样从不全面的自然现象和生产经验中,得到一些原始的往往是不正确的概念,以后从积累的生产经验中发现有矛盾,又怎样从人们有控制的有意安排的实验中,来分辨这些矛盾概念的正确和错误,从而得出改进了的概念。在进一步的实验中,又发现这种概念的不完备性和矛盾,再用人为的实验进一步验证和分辨其真伪。这种人类对物理学界的认识,以及怎样用这种认识来提高我们的生产水平和满足生产需用的各种事实,激发了同学们对知识的追求探索,启迪了同学们掌握学习的正确道路。听

---

① 王淦昌:《深切怀念吴有训先生》,载《物理》1987年第16期。
② 钱伟长:《怀念我的老师吴有训教授》,《钱伟长文集(下卷)》,上海大学出版社2013年版,第861页。

这样的课,真是最高的科学享受。①

钱伟长认为,吴有训教育学生的方式"是鼓励、是诱导,没有说教,没有训斥",他用自己的言行品德,在"起着教育作用,深刻地影响着青年们"②。

1945年,吴有训出任中央大学校长,他从爱护青年出发,对国民党当局迫害青年进行坚决的抵制。有两个插曲让他的学生一辈子铭记在心:

> 其一:当时反动特务、军警多次要求进入中央大学校园内搜捕进步师生,吴有训斩钉截铁地回答反动当局,若让特务、军警进入中央大学捕人,他就坚决辞去校长职务。在他任职校长的两年里,国民党军警、特务始终未能入中央大学捕人,他们无可奈何地叫嚣,说中央大学校园是共产党的"租界"。
>
> 其二:1947年春夏之交,中央大学学生和全市学生掀起声势浩大的反饥饿、反内战的示威游行,有的学生在街头遭到反动政府青年军的毒打,吴老去医院探望受伤的学生,看到那些纯朴可爱的青年血流骨折,他热泪纵横,非常悲愤,从此便萌离开中央大学之意。1947年夏,他借去美洲参加学术会议之机,终于摆脱了校长职务。临行前,曾去鸡鸣寺与当时正监督新生入学考试的王应睐先生话别,悲愤之情溢于言表。③

为此,著名物理学家、中国科学院固体物理研究所创始人、国际滞弹性内耗研究领域创始人之一葛庭燧在吴有训百年诞辰之际深情撰文道:

---

① 钱伟长:《怀念我的老师吴有训教授》,《钱伟长文集(下卷)》,上海大学出版社2013年版,第860—861页。
② 钱伟长:《怀念我的老师吴有训教授》,《钱伟长文集(下卷)》,上海大学出版社2013年版,第860页。
③ 王淦昌:《深切怀念吴有训先生》,载《物理》1987年第16期。

> 吴先生在担任中央大学校长时期,从爱护青年出发,终于加入了反蒋的行列。他勇敢地走在"反内战、反饥饿"的学生示威队伍的最前列,这是何等宽广的胸怀,何等崇高的气魄。①

吴有训爱护青年学子甚至到了关注生活问题。在这方面,钱伟长有亲身体会。他还记得,自己因为家境贫困,要负担母亲和弟妹的生活,曾考虑放弃研究生的攻读,但心里却实在想继续学习。吴有训了解到钱伟长的处境后,马上让他去考上海商务印书馆的高梦旦奖学金。而后,钱伟长"幸而考取,每年得奖学金300元,就可以解决家庭经济负担,才决定留清华读研究生,直到考取留英公费出国"②。如果没有吴有训的及时援手,也许钱伟长就会因为家境困难而不得不辍学,中国物理学界甚至世界科学界也将损失一员精兵强将。1988年,国务院副总理方毅为吴有训题词"青年师表",突出了吴有训爱惜青年的高贵品质。

而吴有训关心、爱护青年的心情,在他的晚年,显得更加深切、热烈。

> 直到逝世的前一天晚上,他还在给钱学森教授写信,推荐湖南山区的一位农村青年教师所写的《略论宇宙航行》的论文。迄今管惟炎同志的案头仍然有一张老人在临终前不久用战栗的字迹书写的字条:"管惟炎同志:请注意范君的建议,我很赞赏。"这是他对中国科学院物理研究所范海福同志写给他的建议的批示。

"春蚕到死丝方尽,蜡炬成灰泪始干。"——这是王淦昌怀念导师吴有训时的赞语,也正是吴有训一生恰如其分的写照。吴有训一辈子"献身

---

① 葛庭燧:《科学无国界 但科学家有祖国——真挚纪念吴有训师长百年诞辰》,载《物理》1997年第7期。
② 钱伟长:《怀念我的老师吴有训教授》,《钱伟长文集(下卷)》,上海大学出版社2013年版,第862页。

事业勤奋不已,直到生命的最后时刻,仍念念不忘为后来者铺路,充分反映了他'自古贤良惜新秀'的崇高的精神境界"①。为此,钱伟长撰文指出,"吴老师一生从事科学工作,为祖国热心培育下一代的科技人才,为人正直不阿,是我们尊敬的师表",他们"为祖国科学事业的全面发展运筹培育人才的功绩,是应于颂扬的"②。

(三) 体坛宗师马约翰

> 马约翰教授是一位让学生终生难忘的长者。
>
> ——钱伟长

马约翰(1882—1966),福建厦门人,我国著名的体育家。1911年毕业于上海名校圣约翰大学,并两次到美国春田学院进修体育。在大学读书期间,是学校足球、网球、棒球和田径代表队的主力。擅长中长跑,曾获1910年第一届全国运动会学校联合组880码冠军和440码第三名。1936年担任中国代表团田径队总教练,参加了在柏林举行的第11届奥林匹克运动会。在清华大学任教52年中,研究了体育运动的规律,参考国内外经验,编制出各种不同内容的徒手操近百套,发表过《体育运动的迁移价值》《我们对体育应有的认识》等论著。是第一、二、三届全国人民代表大会代表。

钱伟长经常提到这位中国近代体育工作的开拓者,他曾撰文指出:

> 马约翰具有强烈的爱国主义感情……外国人把我们叫"东亚病夫",他很痛心。他后来说:"从我来说,我主要是考虑到祖国的荣誉问题。"③

---

① 王淦昌:《深切怀念吴有训先生》,载《物理》1987年第16期。
② 钱伟长:《怀念我的老师吴有训教授》,《钱伟长文集(下卷)》,上海大学出版社2013年版,第861页。
③ 黄延复:《清华逸事》,辽海出版社1998年版,第26页。

1."强国必先强种"

马约翰被称为"我国体育界的一面旗帜"。早在1919年利用公假到美国春田学院进修时完成了一篇题为《体育历程十四年》的毕业论文,那时他就对发展中国体育事业有了更开阔的视野和更深层的忧虑:

> 中国是一个最古老的伟大的幸存国家,它的面积3 913 560平方英里,人口大约为四万万,全体人口都是羸弱或多病的,而且经历着不卫生不健康的生活条件。这是一块人民生命不断遭到疾病折磨的土地。①

因此,他认为中国需要体育,"就像一个结核病患者需要治疗一样"。1928年他抱着"强国必先强种"的目的,几次创办"暑期体校",开展体育运动。他认为,体育是教育的重要组成部分,是培养全面发展人才的重要手段。它不仅能使学生获得健康,更重要的是有利于道德品质的锻炼和培养;运动场是培养学生品格的极好场所,可以批评错误,鼓励高尚,陶冶性情,激励品质;刻苦的锻炼可以培养青年们勇敢的精神,坚强的意志,自信心,进取心和争取胜利的决心。体育运动的教育价值,不只限于运动场上,而且能够影响整个社会。为此他终生提倡体育运动,强调体育道德并身体力行。

马约翰在上海圣约翰大学就学期间,有美国教师嘲笑中国学生"你们太笨,在美国,连小孩子都能背出来的,你们还背不出来"②,他非常不服,就和那个美国教师"干了一架"。1905年在上海举行的一次规模较大的"万国运动会"中他力压群雄,在最后冲刺阶段带领中国同学从故意挡道的日本人右侧猛冲过去,以领先近50米的距离首先到达终点,为中国争光。

抗战期间,马约翰怀着爱国热忱,随校南迁到长沙、昆明,与全校师

---

① 尹大川:《体坛宗师马约翰》,载《书摘》2002年第8期。
② 马约翰:《我在清华教体育》,载钟叔河,朱纯:《过去的大学》,长江文艺出版社2005年版,第117页。

生一起过着颠沛流离的艰苦生活。但他在物质条件极端艰苦的情况下,仍千方百计开展体育活动并发展军体项目,教同学以抗敌救国的本领。1937年底南京失陷,长沙临时大学的师生在大操场举行抗日誓师大会,学生纷纷要求从军参战。马约翰在大会上也大声疾呼,激发同学们的抗战激情。

2."要打倒'东亚病夫'"

初到清华时,马约翰出于朴素的爱国主义思想,认为清华每年要送100名学生去美国学习,被送的学生在身体方面应该像样一点,不能把帝国主义蔑视中国人的所谓"东亚病夫"送去。中国人要:"有一种气魄,就是不许人家说中国人是'东亚病夫',要打倒'东亚病夫'"[1]。

因此,他主张对于清华的学生,特别是留学生开展体育运动。他常向学生说:

> 你们要好好锻炼身体,要勇敢,不要怕,要有劲,要去干。别人打棒球,踢足球,你也要去打,去踢。他们能玩什么,你们也要能玩什么;不要出去给中国人丢脸,不要人家一推你,你就倒,别人一发狠,你就怕;别人一瞪眼,你就哆嗦。中国学生,在国外念书都是好样的,因此我想到学生在体育方面,也要不落人后。要求大家不仅念书要好,体育也要好;功课要棒,身体也要棒。[2]

那时为了让学生们出来参加体育活动,清华全校的中国教师、外国教师和校长主张采用强迫锻炼的方式。而马约翰则认为应该让学生自由地玩,自己去活动,不会活动不会玩的就去教他们。所以他经常就拿着本子

---

[1] 马约翰:《我在清华教体育》,载钟叔河,朱纯:《过去的大学》,长江文艺出版社2005年版,第117页。

[2] 马约翰:《我在清华教体育》,载钟叔河,朱纯:《过去的大学》,长江文艺出版社2005年版,第117页。

东跑西跑,去发现这些学生,但不是去威胁他们,要给他们记过,等等,而是说服他们,要他们好好锻炼,有一个强壮的身体,到外国时不被人讥诮为"东亚病夫",不给中国人丢脸。①因为马约翰的平易近人和耐心劝导,学生一般都接受他的劝告,躲着看书的同学也出来活动了。

3. "Boys for victory"

在马约翰的教育理念下,钱伟长深受熏陶。多年后,钱伟长回忆自己到清华报到的那天,正是马约翰在清华体育馆主持体检工作。彼时因家境清寒而身体孱弱的钱伟长去量身高,马约翰给的结论是:"out of scale!"当另一位老师说"来了一个清华历史上身高不达标的学生"时,马约翰却鼓励钱伟长:"没关系,可以锻炼嘛!"后来在钱伟长转到物理系后选课时选了体育的体弱班时,他又亲自打电话给物理系主任吴有训教授,谈了钱伟长的体检情况,请吴有训说服钱伟长,"不必上体弱班,要重视锻炼,不要退缩,退缩救不了国,没有健康的体格,科学也是学不好的"②。钱伟长觉得自己还没上马约翰的课,却已经得到了他的谆谆教诲和鼓励,非常感动。此后,马约翰亲自担任物理系一年级的任课老师,根据各人具体情况指导每一位同学进行科学的锻炼,以便能够获得健康的体格,创造学习的条件。

马约翰经常在体育场上高喊着"Boys for victory",鼓励同学们积极锻炼。钱伟长每在忆及马约翰或者自己的体育爱好时,都会提到马约翰的这句口头禅。这也成为钱伟长一生奋斗的精神动力之一。因此钱伟长晚年如此称道马约翰:

> 六十多年来,在漫漫人生道路上,我有勇气承担风雨,有毅力克

---

① 马约翰:《我在清华教体育》,载钟叔河,朱纯:《过去的大学》,长江文艺出版社2005年版,第118页。
② 钱伟长:《深切怀念我的老师马约翰教授》,《钱伟长文集(下卷)》,上海大学出版社2013年版,第1237页。

服困难,有意志不断战胜自我,今天还能坚持为祖国服务,战斗在教育科研岗位上,缅怀马老师的教诲,铭心不忘!①

4."金子终究是金子"

虽然在旧中国,马约翰"体育救国"的善良愿望终究不会变为现实,但一颗赤诚的爱国心不但使马约翰在业务上取得光辉成就,而且使他在关键时刻能够满怀信心地把握住方向。

新中国成立前夕,北平五所大学的体育教师一齐到他家里来寻求"对策"。他说:"我相信,共产党来了,教育还是会存在,体育也还是会存在的"②。有人问他,共产党来了,有没有什么危险,他意味深长地说:"金子终究是金子,银终归是银,铜终归是铜……只要我们勤勤恳恳地教育了青年,共产党是会欢迎我们的"③。

还有个别人拉他出走,被他拒绝。他反而去劝别的要走的人留下来。他的话和他镇定的情绪,对那些教师起了非常大的作用。

(四)爱国史家顾颉刚

钱伟长在转学到物理系的过程当中,有这样一位人物是不能不提到的。他就是史学大家、清华大学历史系的顾颉刚教授。也许可以这么说,在钱伟长的"弃文学理、科学救国"运动中,没有顾颉刚的大力支持,此事未见得有那么顺利解决。

顾颉刚(1893—1980),字铭坚,江苏吴县人,现代古史辨学派的创始人,中国历史地理学和民俗学的开创者,是中国近代学术发展史上有着重

---

① 钱伟长:《深切怀念我的老师马约翰教授》,《钱伟长文集(下卷)》,上海大学出版社2013年版,第1241页。
② 马约翰:《我在清华教体育》,载钟叔河,朱纯:《过去的大学》,长江文艺出版社2005年版,第122页。
③ 马约翰:《我在清华教体育》,载钟叔河,朱纯:《过去的大学》,长江文艺出版社2005年版,第122页。

要影响的一位学者。"解放前,日本学者,特别是名牌大学如东京、京都、帝大教授,都看不起中国学者,惟对于顾颉刚先生和陈垣先生,则推崇备至"①。顾颉刚先生是一位具有爱国主义思想的学者。在"九·一八"事变后,他曾基于"强邻逞暴,国土日蹙"之势,毅然走出书斋,创办三户书社,直接向民众做抗日宣传;又创办《禹贡》杂志,组织禹贡学会,提倡边疆地理和民族史的研究,以加强国民的国土意识和爱国意识为己任。②

当钱伟长在叶企孙的指点下,"曲线运动"跑去找顾颉刚的时候,顾颉刚满口赞成,"我们国家站不起来受人欺侮,就因为科学落后。青年人有志于科学,我们应该支持",答应帮助钱伟长说服他的四叔钱穆。

顾颉刚与钱穆两人交情极其深厚。当年在钱穆的《先秦诸子系年》脱稿之时,年长钱穆两岁的顾颉刚与钱穆素昧平生,就不吝称赞"作得非常精炼,民国以来战国史之第一部著作也",并说"君似不宜长在中学中教国文,宜去大学中教历史"。二人虽在学术地位上相去甚远,其研究方法、学术观点等也不尽一致,但是顾颉刚对钱穆关爱备至,对他的史学功底和才华大加赞赏。

1930年顾颉刚鼎力推荐钱穆北上燕京大学任国文系讲师。次年又给北大文学院院长胡适去信,极力推荐钱穆代替自己,到北大任教,信中说:

> ……我想,他如到北大,则我即可不来,因为我所能教之功课他无不能教也,且他为学比我笃实,我们虽方向有些不同,但我尊重他,希望他常对我补偏救弊。故北大如请他,则较请我为好……他所作《诸子系年》,已完稿,洋洋三十万言,实近年一大著作,过数日当请他奉览。

因此钱穆对于顾颉刚是相当尊重的,所以当顾颉刚提出意见,支持钱

---

① 黄现璠:《回忆中国历史学会及越裳、象郡位置的讨论》,载王煦华:《顾颉刚先生学行录》中华书局2006年版,第220页。
② 陈勇:《国学宗师钱穆》,北京大学出版社2007年版,第136页。

伟长改读物理系时,钱穆不再反对。

不仅如此,顾颉刚还对吴有训说:"青年有选择志向的权力,他愿意为国家民族学科学,尽管有困难,但他愿意学,坚持要学,他就能克服困难。他清楚自己的条件,比别人学得晚,是很吃亏的。但他有坚定的志向,我们对年轻人的志向只能引导,不能堵。"从而大力促成钱伟长的科学救国行动。

在1994年纪念顾颉刚先生诞辰100周年的大会上,钱伟长还提到了顾颉刚当年对他的大力支持,他说:"我与顾先生的关系是很深的,今天我之所以能从事科学工作,顾先生是帮了很大的忙的。"[1]

此外,诸如清华校长梅贻琦教授、物理学系赵忠尧教授等著名学者的爱国思想都对钱伟长有不同程度的影响。

第三节　锤炼于留学加美

一、同仇敌忾,爱国情怀

1939年7月,钱伟长参加了中英庚款基金委员会第七届留英公费生考试,在数千考生中脱颖而出,和郭永怀、林家翘3人同时被录取。不料,9月英国对希特勒德国宣战,轮船停开。

到1940年1月初,中英庚款基金委员会再次通知留学生到上海集中,准备改去加拿大,并委托一个英国人和他的买办为留学生办理各项出国手续。当钱伟长和同学们把行李搬上了"俄国皇后"号的甲板,等待着开航的时候,发现护照上有日本领事的签证,大家无比愤怒,立即下船与那个英国人交涉:

"日本正在武装侵略我们,是我们的敌国,我们为什么要敌人的签证?"

英国人解释说:"有了日本领事的签证,你们便可在日本的神户登岸

---

[1] 顾潮:《历劫终教志不灰——我的父亲顾颉刚》,华东师范大学出版社1997年版,第144页。

游览,一路上也可以不受干扰。"

"不,我们是中国人,要维护国家的尊严。宁可不去留学,也不要日本人签证!"

钱伟长和其他留学生们一起,义正词严地拒绝了这份"照顾",22本护照一齐扔到了英国人的脚下。

最后,直到1940年8月初,中英庚款基金委员会寄来第三次通知,让留学生们再度集中上海,仍去加拿大。这一次,钱伟长他们拿到的护照不再有日本领事的签证。于是,大家搭乘"俄国皇后"号并顺利到达目的地多伦多城。

至此结束了一场延续了多月的为爱国而引发的留学风波。

二、金蝉脱壳,智归故国

> 这种爱国情绪激发了我,使我走上了"科学救国"的道路……[①]

抱着这样坚定的爱国理念,在世界著名科学大师辛格(J. L. Synge)和英菲尔德(E. Infeld)等人的指导与培育下,钱伟长很快在力学研究的"弹性板壳的统一内禀理论"上取得重大进展。多年之后,钱伟长还记得这一工作:

> 辛格教授第一次见面就高兴地决定要在一个月中用我们已得结果,分两段写成一篇论文,送交美国加州理工大学航空系主任冯·卡门教授60岁的祝寿论文集。这个论文集是在1941年夏季刊出的。论文集中共刊出了24篇论文,作者都是第二次世界大战时集合在北美的一批知名学者,如爱因斯坦、老赖斯纳、冯·诺伊曼、铁木辛柯、科

---

① 钱伟长:《八十自述》,《钱伟长文集(下卷)》,上海大学出版社2013年版,第971页。

隆等,我是唯一的青年学生,而且是中国的青年学生。①(注:着重号为笔者所设置)

钱伟长在世界级自然学科上为祖国争得了荣誉,为此,他无比自豪,爱国情怀溢于言表。

1943年,钱伟长到达美国加州理工大学航空系,跟随世界闻名的科学家西奥多·冯·卡门教授(Theodore Von Kármán)做博士后。在卡门教授的精心指导下,他完成了一系列具有重大意义的研究。其中一篇研究薄壁构件扭转问题的"变扭的扭转"论文,被卡门教授称为"经典式的力学论文",还在他本人的传记里说:"自从喷射推进研究所成立以来,我已经顾不上基础理论方面的工作了。这篇论文,也许是我一生中最后一篇关于固体力学的文章了。"这篇文章曾受到欧美各国学者的重视,并被广泛引用。当时,卡门教授的喷射推进研究所具有世界上最好的工作条件,对于科研工作者来说,吸引力之大是毋庸置疑的。

此时的钱伟长,还仅值而立之年。他所取得的辉煌成就足以傲视世界物理学界,事业如日中天的他,无疑是前途似锦。然而对钱伟长更具吸引力的还是——祖国!他为自己做出的这些成果没能为祖国服务而无比愧憾,日夜思念着在日本帝国主义铁蹄践踏下的祖国。

> 当时在加州理工大学的中国人有周培源教授和钱学森、林家翘、郭永怀、傅承义等人,朝夕相处,从世界大事、国事、学术、音乐、艺术,无所不谈,无所不议。但怀念祖国、怀念同学、怀念亲人,还是最主要的内容。②

---

① 钱伟长:《八十自述》,《钱伟长文集(下卷)》,上海大学出版社2013年版,第974页。
② 钱伟长:《八十自述》,《钱伟长文集(下卷)》,上海大学出版社2013年版,第974页。

当太平洋彼岸传来日本投降这个激动人心的消息时,钱伟长再也坐不住了。经历了战争创伤的祖国急需建设,这无声的召唤使得钱伟长再也不能安心在异国他乡从事研究工作了。他曾悄悄地告诉挚友谈镐生,他不想再"为他人做嫁衣裳",想回国效力。他说:"现今国内力学界杰出的人才较少,而富国强民又离不开力学。我回去正好可以开拓祖国的力学事业,乃至航空事业。"① 拳拳爱国、报国之心表露无遗。

但由于他在科研中接触了美国大量的军事机密,如果公开提出回国,美方不可能顺利放行。于是他制造了短期回国探亲的假象,轻装简从,将大量书籍、资料留在了办公室,还在住所预付了半年房租。他觉得:

> 中国知识分子有一个民族自尊心、民族自豪感,承认落后,不甘落后,要解决这个落后问题,宁愿牺牲自己在国外的舒适生活。老实说,我在国外的生活是非常舒适的,我就领导了600人的工程师队伍,我就是做"洋官"的人,当然我是"技术官",可我不稀罕这个,我是为美国做事情的,我做出来的火箭导弹都是为美国用的,我干嘛,我要回来就回来了。②

第四节　升华于磨难劫后

一、艰难岁月,爱国情坚

怀着一腔报国热血的钱伟长,辗转回国。但刚刚渡过14年艰难抗战岁月的祖国一片狼藉,人民生活极其艰难。回到清华大学的钱伟长同样面临着生存的考验。

---

① 谈镐生:《祖国力学事业辛勤的耕耘者——恭贺挚友伟长先生九秩华诞》,载《力学进展》2003年第1期。
② 钱伟长:《学习之路》,《钱伟长文集(上卷)》,上海大学出版社2013年版,第700—701页。

> 1946年到1949年初北京解放为止,我任清华大学机械工程系教授,月薪开始为法币14万元,还不够买两个新的暖瓶,以后改为关金券、金圆券等,生活也更困难①。
>
> 自1948年春以后,生活十分困难,曾有好几个月只有小米和白菜度日,真是比"三月不知肉味",有过之无不及②。

迫于生计,他奔波于北平的清华、北大和燕京三所大学工学院,几乎"承包"了三校物理系中所有的基础课,仍不得温饱。长女开来出生后,他连买奶粉的钱都没有,不得不向单身同事、老同学告贷度日。就在这样的艰难生活中,他做出了一个至今还让所有人为之感动,甚至有人还困惑不已的选择。

那是1948年8月,钱学森自美返国探亲,看到他的窘迫困境,告诉他美国加州理工大学喷气推进研究所(GPL)工作进展较快,希望他可以回该所复职,可带全家去定居并能给予优厚待遇。为了摆脱几乎难以生存的经济困窘,钱伟长不得不作出了一个艰难的决定——到美国领事馆申办签证,去美国GPL工作。但他在填写申请表时,发现最后一栏写有"若中美交战时,你是否忠于美国",钱伟长毫不犹豫地填写了"NO"。后来在中央电视台《大家》栏目对他做专题采访时,记者曾问及这件事情,他说:

> 我当然不想回去(美国)的,可是那时候太艰苦了……好多问题,我都无所谓……最后一条,我填不下去了,讲中国和美国打仗的时候,您是忠于中国还是美国?那我说,当然忠于中国了。我是中国人,我不能忠于美国人。我就填了一个NO,我绝不卖国。结果就因为这个,他不让我去了。(记者:填这个NO的同时,就意味着您跟美

---

① 钱伟长:《八十自述》,《钱伟长文集(下卷)》,上海大学出版社2013年版,第977页。
② 钱伟长:《八十自述》,《钱伟长文集(下卷)》,上海大学出版社2013年版,第977页。

第三章 钱伟长爱国主义教育思想发展历程

国人讲,我不去你美国了。您心里很清楚这一点。)是啊,我总不能忠于美国人,我是中国人。(记者:所以在签这个NO的时候,您毫不犹豫。)我毫不犹豫,我这一点是毫不犹豫。我是忠于我祖国的。①

二、再逢逆境,忠贞不渝

新中国成立后的钱伟长积极参加和领导教学、科研活动,学术上进入了第二个丰收期。但是,1957年的噩梦打断了这一切,他被剥夺了所有的29个社会职务,而且从一级教授降为三级教授;他的独子尽管成绩优秀,却受牵连高考落榜;更有甚者,他被剥夺了公开进行科研、发表论著的权利。对于一位满腔热忱的科学家,这是何等重大的打击!

面对这样的局面,他没有灰心丧气,继续从事着力所能及的教学和科学咨询工作。据统计,从1958年到1966年,他完成了科学咨询、建议百余件,讲课12门,编写教材约600万字,为杂志审稿300余件,成了真正的"无名英雄"②。即使是在被1957年噩梦打断一切科研工作后的20多年时间里,钱伟长生活在极其困难的环境下,他依然通过种种渠道,将自己科学工作的成果奉献给人民:

> 曾代叶祖沛教授(原联合国冶金组专家顾问,曾任冶金部副部长,叶老不谙中文)起草了加速推广转炉的建议书,并设计了高炉加压顶盖的机构和强度计算,为叶老在首钢试验作了理论准备;曾蒙李四光部长的亲顾寒舍恳切要求下,研究了测量地应力的初步设想措施,并推荐反右后被"流放"到新疆的我的研究生潘立宙从事这一研究,由李四光同志亲自把潘立宙同志调入他创建的地质力学研究所,

---

① 曲向东:《钱伟长:因为我是中国人》,载《教师博览》2004年第12期。
② 戴世强:《钱伟长学术思想浅论》,载《江南大学学报(人文社会科学版)》2003年第2期。

开创了我国地应力测量的重要事业……为国防部门建设防爆结构、穿甲试验、潜艇龙骨计算提供了咨询,也推荐了人才;为人民大会堂眺台边缘"工"字梁的稳定提出了以栏杆框架承担其增强作用的方案;为北京工人体育馆屋顶采用网格结构(提出)设想,同时提出了计算方法;为北京火车站的球形方底屋顶的边框强度设计提供了计算方法;为架线工提出的关于山区电缆的下垂问题,以及风荷下电缆的长波跃动和互相干扰问题提供咨询;为架子工铆工研制的拉力扳手提供了设计资料;机床厂工程师发现了从民主德国引进的四种机床和说明书内容不符的问题来咨询,经过了四个月的往返现场试车,才发现技术说明书是旧型号的,引进的机床是隔了两代的新型号的,自动化水平和加工速度都较高,油路有较大改善,后来改写了操作维护指示书,(问题)才得到了工人认可的妥善解决;还有关于试炮场、防护体结构、储油罐顶盖结构计算、电厂冷却塔设计计算、波纹管和膨胀接头的设计计算、拉晶机设计计算等都曾提供过咨询服务;也曾为电缆厂提供了我从未发表过的电缆强度计算方法及其公式,后来这些公式出现在电工手册上,但并未提及作者来源。①

三、改革春风,老骥伏枥

1978年改革开放,钱伟长得以洗刷身上的不公正。他欣然道:

> 四害已除,重新获得了科学工作的权利,欣逢1978年党中央号召"实现四个现代化"并召开全国科学大会,春风拂人,奋起之情,油然而生,虽已年近七旬,还能为"四化"服务效力,感到无限幸福。②

---

① 钱伟长:《八十自述》,《钱伟长文集(下卷)》,上海大学出版社2013年版,第981—982页。
② 钱伟长:《八十自述》,《钱伟长文集(下卷)》,上海大学出版社2013年版,第989页。

> 繁重的教学行政工作,丰富的政治社会活动,广阔的学术天地,使我的生活无限充沛而有意义,虽然岁月催人老,但是欣逢盛世,在党中央的号召下,愿夜以继日地奋发工作,以补偿20年来失去的珍贵年华;愿以自己点滴汗水,汇入祖国社会主义波澜壮阔的奔腾洪流中去。①

拳拳赤忱报国之情溢于言表。

30年来,钱伟长一直在各种工作岗位上奔驰前进,为国家和人民的事业尽心尽力。他走遍祖国的山山水水,考察访问,"到处向地方当局出主意,向农民出主意,力图使主意切实可行"②。每到一地,他总是无偿提供极富含金量的建议,受到了各地人民的普遍欢迎。

钱伟长一心一意办好上海工业大学及上海大学。先后两次在国家教委(教育部)组织的评估中获得高度评价。1988年国家教委主持的全国高校评估工作中所做的评定为:

> 上海工业大学建校29周年,几经周折,直至党的十一届三中全会以后才真正走上较快发展与提高的道路。钱伟长校长高瞻远瞩地对学校的改革发展和提高,起了积极作用,在教学改革、学科建设、教师队伍建设、开拓国际学术交流渠道等方面,作出了重要贡献。学校努力为适应上海工业和经济发展的需要,培养输送高级专业人才,承担科研任务,选送科研成果,开展科技服务,办学指导思想是明确的。③

2003年教育部本科教学工作水平评估组在对上海大学的评估中充分肯定了钱伟长的教育理念与治校方针对于上海大学的发展具有指导意义:

---

① 钱伟长:《八十自述》,《钱伟长文集(下卷)》,上海大学出版社2013年版,第1003页。
② 钱伟长:《八十自述》,《钱伟长文集(下卷)》,上海大学出版社2013年版,第997页。
③ 钱伟长:《八十自述》,《钱伟长文集(下卷)》,上海大学出版社2013年版,第1001页。

上海大学有幸在钱伟长校长长期主持、领导下,形成了明确的学校发展目标,有清晰的办学理念、办学思想,学校党委为实现钱老提出的办学理念、办学思想,采取了一系列行之有效的改革措施,建立了比较完备的具有创新精神的制度保障体系,推动学校朝着既定目标实施跨越式发展的战略。①

钱伟长关心着全国教育事业的发展,"1982年就曾多次在全国政协大会上发言,呼吁各方重视教育工作,并特别关心经济落后地区的教育工作,支持根据当地条件,兴办地方性的高等学校"。他"充任了沙洲工学院、漳州大学、四川西昌凉山大学、四川华蓥的山城大学、广东暨南大学和南京航空航天大学的名誉校长。同时还接受西南交通大学、成都电子工程大学、重庆大学、南京理工大学、江苏工学院、湖南大学、华中理工大学、泉州华侨大学、兰州大学和中国矿业大学等校的名誉教授",义务联系各校。另由澳门东亚大学授予名誉博士,加拿大多伦多赖尔斯学院授予名誉院士,美国纽约州罗切斯特理工学院等校授予荣誉学位与称号。1991年9月受加拿大大学联合会的邀请,用一个月的时间访问了温哥华、多伦多、蒙特利尔、渥太华等10所大学,并访问美国纽约、罗切斯特、水牛城等地的三所美国大学。

钱伟长曾说:"爱国是我终身不渝的情怀"。自幼饱读诗书的他,深受我国古代士人的"先天下之忧而忧,后天下之乐而乐""天下兴亡,匹夫有责"等优秀传统精神的激励,无论是初入清华的弃文从理,还是留学期间放弃国外优越条件的毅然归国;无论是在受不公正待遇的日子里,还是重新获得工作机会后,钱伟长始终以矢志不渝的爱国情怀为治学动力,按照"一切从国家的需要出发""祖国需要什么我就干什么"这样朴素而崇高的理念去思考和实践着。

---

① 曾文彪:《实践钱伟长教育思想,高扬自强不息的上大精神》,载《上海大学学报(社会科学版)》2008年第2期。

第四章　钱伟长爱国主义教育思想内涵特点

积几十年的经验、教训,我越来越坚定一个信念,就是每一个炎黄子孙都要做中华民族补天的女娲。①

——钱伟长

钱伟长是一位伟大的爱国主义者。爱国主义教育思想是他一生立身建业的动力,是钱伟长整体教育思想的核心,具有丰富的内涵和鲜明的特点。

第一节 博大精深的内涵

钱伟长的爱国主义教育思想的丰富内容源自他明确的爱国主义宗旨,着重体现在其价值取向、个人修养和教育理念方面。

一、祖国利益至上的价值取向

祖国是人们赖以生存的自然和社会环境的整体。祖国利益是具体而实际的,它包括领土的完整、主权的独立、社会的进步、经济的发展、文

---

① 何砚平:《作补天的女娲——访政协新任副主席钱伟长教授》,载《瞭望》1987年第15期。

化的繁荣、国家的统一、民族的团结,等等。每一个真正的爱国者总是把"以热爱祖国、报效人民为最大光荣,以损害祖国利益、民族尊严为最大耻辱"[1]作为自己的价值取向,在国家、人民利益和个人利益关系的处理上,追求两者和谐共生,为实现中华民族伟大复兴而奋斗不息。钱伟长就是这样一个人。他始终这样认为:"我没有专业的,祖国的需要就是我的专业"。

纵观钱伟长一生,当年考入清华大学后,因受日本发动"九·一八"事变刺激而敢以十分薄弱的数理化基础坚决舍文学理,决心以科技救国,仅用一年时间就攻克难关,赶上了进度;后来以优异成绩留美深造,勇攀科学高峰,成了领导几百人的"科学官",却一有机会立刻放弃优越生活,义无反顾地回到处处落后的祖国;拨乱反正之后,他更是"春风拂人,奋起之情,油然而生,虽已年近七旬,还能为'四化'服务效力,感到无限幸福","虽然岁月催人老,但是欣逢盛世,在党中央的号召下,愿夜以继日地奋发工作,以补偿20年来失去的珍贵年华;愿以自己的点滴汗水,汇入祖国社会主义波澜壮阔的奔腾洪流中去";即便是在被错误扣上政治帽子的1957年和在境遇险恶的"文革"中,他仍然没有停止科研,而是抓住一切机会为国防、为工厂的科技难题献计效力。

为什么能身处逆境而报国之心不动摇呢? 他自己的回答是:

> 为了我们的民族我们个人吃点亏不要后悔,不值得后悔。我们历史上有很多英雄人物靠这么点精神,为我们中华民族立了大功绩! 这就是公而忘私,要是为私的话那会成为历史的罪人……换句话说就是我们要为天下着想,这个天下现在就是中华民族,为党的事

---

[1] 《关于印发〈公民道德建设实施纲要〉的通知(2001-09-20)》,载教育部思想政治工作司组编《加强和改进大学生思想政治教育重要文献选编(1978—2008)》,中国人民大学出版社2008年版,第318页。

业着想,其他个人的利益应该放在第二位。①

钱伟长时刻不忘维护祖国的尊严。1972年,钱伟长随同访问团出访美国。离美前夕,在旧金山召开了一次告别的记者招待会。当有外国记者提出挑衅性的问题"中国自解放以来,有什么科学发明,可以算作是对人类的贡献"时,钱伟长当即严正答复:

> 解放以来,中国人民在重建家园中,认识到任何一个国家,任何一个民族,不论它曾经多么落后、多么贫困,只要国家独立,民族团结,万众一心,努力建设,就一定能自力更生建设自己的工业、农业,逐步赶上世界上最富有、最发达的国家的。这就是中国人民最重要的科学发明和对人类的贡献。②

义正词严的话语赢得了在场听众的一片掌声,许多老教授都流下热泪。

二、终生自强不息的奋斗精神

"自强不息"一语最先出自《周易·乾卦·象传》:"天行健,君子以自强不息。"孔子曾自谓"发愤忘食,乐以忘忧,不知老之将至"(《论语》)。爱国诗人屈原也曾呼唤"路漫漫其修远兮,吾将上下而求索"。自强精神以有为进取、奋发图强、整体至上为主要内容,反映的是泱泱华夏几千年来不向恶劣环境妥协、顽强抗争的精神。

到近代,自强不息体现在一系列的新旧民主主义革命活动之中,尤其是到了20世纪三四十年代,外敌入侵,文明古国岌岌可危,民族存亡生

---

① 钱伟长:《谈教书育人》,《钱伟长文集(下卷)》,上海大学出版社2013年版,第1001页。
② 钱伟长:《八十自述》,《钱伟长文集(下卷)》,上海大学出版社2013年版,第987页。

死攸关,民族的自强自救成为时代的最强音。无数革命先烈为了拯救黎民于水火,实现民族的复兴而自强奋发,前赴后继,甚或壮烈捐躯。这些集中体现在先驱者身上的爱国思想和自强不息精神深深浸染钱伟长的灵魂,成为他心中永恒的烙印。

钱伟长自幼家贫,是在多方资助下方得勉强完成中学学业并进入大学学习。当他40多年后回顾时,说道:

> 我是受着国耻纪念日对于我灵魂上的冲击长大的,因此最后我从学文改学物理。因为当时我认为没有强大的国力是没有办法对付帝国主义的。……我们每一个中国人应该自强不息。我们承认现在不如人家,可是我们不甘于永远这样承认下去,因此,我们需要自强不息,就是在承认我们不如人家的基础上赶上去。人人如此,这个国家就强盛了。①

"自强不息"是清华大学的校训。清华大学的成立在近代中国的大学史上,是令国人感到痛心的。作为留美预备学校,它是美国用中国庚子赔款余额建立的,学生接受的是美式教育,有条件的都能出洋留学。然而出国后的清华学子却难以忘怀西方人对黄种人的歧视。清华人具有极其强烈的个性主体意识,而这种个人意识更是和民族尊严连在一起。民族尊严感是他们个性中最重要的、最顽强的部分。作为一个杰出的清华学子,钱伟长从内心深处接受了"自强不息"这一思想,他又结合自己的人生经历实践和发展了这一思想,使之成为其教育思想的核心之一。

"自强不息"也是上海大学的校训,还是钱伟长最珍爱的人生格言,更是他身体力行、发奋治学的行动准则。《钱伟长文选》的扉页上就有他的

---

① 钱伟长:《自强不息,创造性地走向未来》,《钱伟长文集(下卷)》,上海大学出版社2013年版,第1181页。

自题词:"厚德载物,自强不息,为人民服务。"而与之相关的"刚、毅、木、讷近仁"(《论语·子路》),"苦其心志劳其筋骨,饿其体肤,空乏其身,行拂乱其所为"(《孟子·告子》),就是他自强不息,百折不挠、顽强拼搏、奋发图强的写照,使得他养成战胜困难和挫折的意志品质,在困难和挫折面前不懈地坚持,取得事业成功和实现个人价值。

钱伟长历经了民族危亡和不白之冤的洗礼,特殊的时代和特殊的经历造就了他对国家、对民族的强烈的责任感,赋予了"自强不息"新的含义,使得钱伟长式的"自强不息"不是止步于个人理想,而是上升到了国家兴亡和民族大义的高度之上。"我们的'自强不息'不是指为自己的利益不息,而是要在承认我们的民族目前在很多地方还是落后的前提下奋力赶上去"①。因此他告诫青年学生:"'自强不息'是我们的精神,要求大家努力。我们要看到自己的差距,因而要奋发努力,为国家争光,为国家建设和强盛添砖加瓦。"②

三、贫贱威武难移的不屈气节

所谓"气节",指的是志气与节操,它表达了志士仁人对崇高人格的追求。孔子提出:"志士仁人,无求生以害仁,有杀身以成仁"(《论语·卫灵公》),"三军可夺帅也,匹夫不可夺志也"(《论语·子罕》),突出了"志"在立身做人中的重要地位。儒家以"我善养吾浩然之气"(《孟子·公孙丑》)、"居天下之广居,立天下之正位,行天下之大道"、"富贵不能淫,贫贱不能移,威武不能屈"(《孟子·滕文公章句下》)为儒者应有的理想人格观念,以"儒有可亲而不可劫也,可近而不可迫也,可杀而不可辱也"(《礼记·儒行》)为儒者应有的刚毅正气,用"石可破也,而不可夺坚;丹

---

① 钱伟长:《自强不息,创造性地走向未来》,《钱伟长文集(下卷)》,上海大学出版社2013年版,第1182页。
② 钱伟长:《自强不息,创造性地走向未来》,《钱伟长文集(下卷)》,上海大学出版社2013年版,第1182页。

可磨也,而不可夺赤"(《吕氏春秋》)来歌颂人们永不变节的品性。正是这种崇尚气节的爱国主义精神,塑造了一代又一代中华儿女的道德心灵和理想人格,史上为保卫国家义无反顾,宁玉碎而毋瓦全的爱国志士难以尽数。

深受中国古代优秀文化熏陶的钱伟长在潜移默化中践行并光大了古代爱国思想崇尚气节德操、讲求人格的光荣传统。学有所成后,钱伟长在抗战硝烟刚散之际,就毅然放弃已有的一切,立即回国报效。然而回国后的生活难以为继,生计极其艰难。但当1948年友人捎信给他,告知美国GPL亟愿他回该所复职,携全家去定居并给予优厚待遇时,他却在面临"若中美交战时,你是否忠于美国?"的问题时毅然决然地填上了"NO",最后拒绝赴美。"我是中国人,我不能忠于美国人。""我毫不犹豫,我这一点是毫不犹豫。我是忠于我祖国的。"朴实无华,却掷地有声!自古以来,我们都深知"民以食为天"的道理。而钱伟长却是在生活极端艰苦,几乎难以生存的境地下,仍不忘民族大义,毫不犹豫地选择了"NO"。这个大写的"NO"真正地表明了钱伟长对祖国的忠诚和他要用自己的科学知识服务于国家需要的决心。

四、深具变革精神的忧患意识

忧国忧民的忧患意识是爱国主义的另一种表现形式。《易经·乾卦》曰:"君子终日乾乾,夕惕若厉,无咎。"从本质上讲,忧患意识是一种社会责任感、一种历史责任感,是对社会和人生富于远见的深刻思考。它以忘我为特征,对国家生存和民族命运深切关怀,是面临危难困境而不屈服、不畏难的积极参与和敢于负责的精神;是为民族的事业而敢于牺牲奉献的精神;是居安思危的辩证理性精神,体现出积极参与社会变革的精神。通过对潜在危机的洞见,提出预防措施或主张,从而表达主体关心民族、国家生存发展的忧虑心理。追寻历代志士仁人的心灵轨迹,可以发现,从屈原的忧君忧国到范仲淹的"先天下之忧而忧,后天下之乐而乐",陆游的

"位卑未敢忘忧国",顾炎武的"天下兴亡,匹夫有责",先贤们或忧国家之衰败,或忧民族之危亡,或忧黎民之困苦,反映了深沉的忧患意识。历史发展到近代,面对国家民族空前的危机,这种忧患意识则发展为救亡图存的思潮。爱国志士们对民族和国家的种种危机,纷纷追求变革弊政以求祖国独立富强。

钱伟长就是这些把对祖国的深切忧患之情付于为国家民族谋利益的变革行动中的爱国者的杰出代表之一。他时刻不忘关注国家的发展,时刻以国家前途为念。他忧虑的是,曾经创造过人类辉煌历史成就而又饱经沧桑受人欺负的中华民族,至今在经济建设和社会发展中所需要的技术和思想还不能够完全自主,许多方面还得依靠甚至依赖外国。为此,他总是在许多场合讲到,他们这一代人虽然取得了建设国家的巨大成就,但是还没有完全完成他们想做的事。他说:

> ……我们很内疚,虽然努力了一辈子仍没完成我们想完成的任务,我们想完成的是什么?我们在新技术上要能够独立,不要跟在人家后头,可是我们努力了一辈子没有完成这个任务。[①]

钱伟长把忧国忧民的中国传统知识分子的精神寄予到学生们身上,期待上海大学的学子们继承他们这一代人的追求,实现他们未了的夙愿。2005年的初夏,钱伟长校长身着大红校长服,以92岁的高龄在本科生毕业典礼上大声疾呼:"上海大学的校训光'自强不息'四个字还不够,还要加上'先天下之忧而忧,后天下之乐而乐'。天下就是老百姓,百姓之忧、国家之忧、民族之忧,你们是否放在心上?"

振聋发聩的寄语使得这场毕业典礼在2005届毕业生心中留下深深的烙印。

---

① 钱伟长:《论教育》,上海大学出版社2006年版,第516页。

五、培养全面人才的育人理念

什么是人才？我们应将学生培养成什么样的人？钱伟长指出：

> 我们培养的学生首先应该是一个全面的人，是一个爱国者，一个辩证唯物主义者，一个有文化艺术修养、道德品质高尚、心灵美好的人；其次，才是一个拥有学科专门知识的人，一个未来的工程师、专家。①

马克思在《关于费尔巴哈的提纲》中，提出了一个著名论断："人的本质不是单个人所固有的抽象物，在其现实性上，它是一切社会关系的总和。"②作为活生生的具体的个人，人需要在实践中全面地占有自己的本质。"人以一种全面的方式，也就是说，作为一个完整的人，占有自己的全面的本质"③。因此，应该发展学生的各个方面，树立整体和谐的育人观。正如联合国教科文组织前总干事阿马杜-马赫塔尔·姆博（Amadu-Mahtar M'Bow）在谈到高等教育的作用时所说的，"不能想象高等教育只是培养专家的一种手段，而不是在它的内容和精神方面体现文化教养的、道德的价值观念；而且，也不能想象有哪种社会进步和发展不是把人的个性的全面发展作为它的首要目标的"④。

钱伟长认为培养全面发展的人首要的是要培养爱国精神。

> 爱国主义教育是一切教育工作的前提，贯彻爱国主义教育是目前教育工作的中心任务。……只有我们把爱国主义教育贯彻到每一

---

① 钱伟长：《校长的话》，载钱伟长《教育和教学问题的思考》，上海大学出版社2000年版，首页。
② 《马克思恩格斯选集：第1卷》，人民出版社1995年版，第56页。
③ 《马克思恩格斯全集：第42卷》，人民出版社1979年版，第123页。
④ [塞内加尔]阿马杜-马赫塔尔·姆博：《高等教育机构在发展过程中的作用》，载《华东师范大学学报（教育科学版）》1987年第3期。

业务教学中去,才能达到提高业务的目的,才能很好地完成培育青年的任务。①

他把能否培养具有爱国主义精神的人才看作我国高等教育成败的重要标志,提出:

> 要培养学生,对国家、社会、民族有责任感。我们的学生如果没有责任感,整天只是考虑自己的小的利益,如经济生活好一点,地位高一点,那就不能担起跨世纪的重任……个人、家庭是私,私要考虑,国家并不是没有考虑,但大公更重要,要考虑整个民族和国家。如果学生不能很好地理解这一条与做到这一条的话,那我们的教育是失败的。②

中华民族有五千年辉煌的历史和宝贵的文化遗产。

> 我们要让这些文化遗产的精华得到发扬光大。要结合时代精神,用中华民族的传统美德和光荣革命传统教育青少年一代,培养他们爱国主义的思想情感和责任感,使他们成为一代奋发向上的、高素质的建设者。③

人才培养靠教育,办好教育靠教师。钱伟长认为,人才培养的质量主要取决于教师,取决于教师的积极性与教师的专业素养。他指出,教师

---

① 钱伟长:《物理教学与爱国主义教育的结合》,《钱伟长文集(上卷)》,上海大学出版社2013年版,第43页。
② 钱伟长:《培养跨世纪的一代新人》,《钱伟长文集(下卷)》,上海大学出版社2013年版,第1136页。
③ 钱伟长:《谈教师的职责》,《钱伟长文集(下卷)》,上海大学出版社2013年版,第1117页。

"在实施科教兴国战略中发挥着奠基石的作用,承担着重大的责任","国家兴旺的基础在教育,振兴教育的希望在教师","21世纪中国的面貌在很大程度上要通过广大教师的双手来塑造"。①

钱伟长在谈及教书育人问题时,以自己的亲身经历回忆了叶企孙、吴有训等老师在做人做学问方面给予自己及同学辈的影响,指出正是这些老师的爱国之心、社会责任感、人格力量,使得学生中英才辈出。钱伟长感叹道:

> 每当忆及自己的成长史,总能想起青少年时代的老师对自己刻骨铭心的教诲,有的甚至影响自己一生的道路。②

因而,他对教师队伍寄予了深切的期望,认为"教师不仅传授科学文化知识,更要塑造受教育者的心灵,培养和提高受教育者的全面素质"③。他特别强调,"德育工作应该由全体教师共同承担。为人师表、言传身教、教书育人,每位教师都责无旁贷"④。尤其是"在基础教育中,我们要加强德育工作,要重视青少年一代身心的和谐发展,把教育从应试教育转变为素质教育,(以)全面提高素质(为)目标深化教育改革"。⑤

第二节　旗帜鲜明的个性特点

钱伟长作为一位有为的教育家和教育改革者,他的教育思想和主张

---

① 钱伟长:《谈教师的职责》,《钱伟长文集(下卷)》,上海大学出版社2013年版,第1117页。
② 钱伟长:《解放思想　实事求是　切实解决教育发展中的几个紧迫问题》,《钱伟长文集(下卷)》,上海大学出版社2013年版,第1073页。
③ 钱伟长:《谈教师的职责》,《钱伟长文集(下卷)》,上海大学出版社2013年版,第1117页。
④ 钱伟长:《解放思想　实事求是　切实解决教育发展中的几个紧迫问题》,《钱伟长文集(下卷)》,上海大学出版社2013年版,第1073页。
⑤ 钱伟长:《谈教师的职责》,《钱伟长文集(下卷)》,上海大学出版社2013年版,第1117页。

鲜明地反映了他的个人人格特质和社会时代特征。综观作为核心内容的爱国主义教育思想,可以发现有以下特点。

一、突出的时代性

钱伟长爱国主义教育思想具有突出的时代性。

回顾钱伟长爱国主义教育思想的形成和演变过程,我们不难看出,钱伟长始终站在时代的前列。他顺应时代的潮流,穷其一生,不断追求救国真理和强国道路,对不断变迁的时代所提出的重大历史课题作出了明确的和不容置疑的回答。

按照历史发展阶段,钱伟长的一生大致可以分为国难时期和新中国成立之后两个时期。他的前半生正值"凶邻日逼,列强环伺,国难方殷,民族危亡"[①]之时,因此他的爱国主义思想的焦点必然集中在"救国强国"上。

> 当时,予痛感欲富国强兵,摆脱积弱,巍然自立于世界民族之林,惟有倾力建设现代工业与科技。侨辈亦往往以科技救国互勉。予乃决意暂将文史之爱搁置而矢志攻读数理科学,留学海外,亦以学习先进科学技术为念。[②]

可以看到,钱伟长的"救国强国"思想脱胎于当时盛行的"科学救国"和"教育救国"思想。无论是在清华大学就学期间,还是包括作为庚子赔款留学生出国之时,他怀着强烈的忧患意识,努力学习各种科学知识,急切盼望能早日用自己掌握的科技知识报效祖国,强盛祖国。从青春岁月开始即投身于祖国教育事业的钱伟长,心中始终有这样一个愿望:为国家尽可能多地培养人才,为中华民族的复兴贡献力量。然而,苦难的岁月和

---

① 钱伟长:《中国文化读本》,上海大学出版社2007年版,序。
② 钱伟长:《中国文化读本》,上海大学出版社2007年版,序。

残破的河山,让他的美好愿望石沉大海。

新中国成立后,钱伟长立足长远,力主根据国家发展开展学科建设,促使国家科学技术发展奋起直追,以图早日跨入国际先进行列。例如在20世纪50年代参与制订我国第一个科学技术发展远景规划的国家规划会议上,他毫不考虑学科偏爱,坚持"国家必须自主创新发展高端科学技术"的正确意见,和著名科学家钱学森、钱三强一起确立了共和国自主创新发展高端科学技术的基础。改革开放春风吹遍神州大地之时,钱伟长虽年近七旬,仍夜以继日地奋发工作,希望能"以自己点滴汗水,汇入祖国社会主义波澜壮阔的奔腾洪流",来补偿失去的珍贵年华。耄耋之龄的钱伟长坚持奋斗在教育第一线,实施着他一生的教育思想,以实际行动践行国家的科教兴国战略,终至:

> 回首平生,虽遭遇坎坷,历尽艰辛,然自强不息之精神未泯,科学报国之志愿终遂,予无憾焉。①

二、深刻的民族性

钱伟长爱国主义思想具有深刻的民族性。

钱伟长成长的年代,正是近代中国内忧外患达到峰值的时期,帝国主义列强虎视鹰瞵、日军铁蹄践踏华夏大好河山,中华民族面临着亡国灭种的危机。他跟其他有识之士一起奔走呼号,走上了救亡图存的道路。

> 在1935年冬,在日军入侵华北的压力下,北京(平)以及全国学生掀起了"一二·九"运动。我参加了1935年冬季"一二·九"和"一二·一六"两次北京(平)抗日救亡大游行,参加了1935年12月

---

① 钱伟长:《中国文化读本》,上海大学出版社2007年版,序。

25日到1936年1月15日的清华大学南下自行车宣传队和1936年2.29、3.18、5.4、6.20、12.12等多次游行示威活动,也加入了民族解放先锋队、海燕歌咏团等中共党的外围组织,激发了爱国热情和加强(深)了对中国共产党的认识和感情。那时,公开参加学生抗日救亡运动的,在研究生中只有我和林风(化学系研究生)两人。①

钱伟长对自己的民族有着无比深厚的感情。如前文所提到的,他在少年时期曾在上海外滩看到公园门口挂着"华人与狗不得入内"的牌子。这件事情即使过了半个多世纪依然是他心中的痛,他在做报告的时候,总是提到这件事情,他愤慨地斥责:"外国殖民者竟然荒谬无耻到这般地步!"②,为此他强烈地体会到"没有一个独立富强的国家,就不可能有一个民族的尊严,更不会有一个民族中个人的一切"③,所以谆谆告诫青年学生:

> 我们的民族若没有那么一批人敢于把国家的责任挑起来,用全部精力来为国家和民族工作,我们这个民族就会永远被人欺压。④

钱伟长的一生都把祖国的统一大业和民族的繁荣富强作为自己的责任。即使到了晚年,他在繁忙的科学、教学工作之余,还担任了许多社会职务,特别是涉及祖国统一的工作,他向来是欣然接受,毫不推辞。在中国和平统一促进会担任会长期间,钱伟长以自身在海内外的知名度和

---

① 钱伟长:《八十自述》,《钱伟长文集(下卷)》,上海大学出版社2013年版,第973页。
② 钱伟长:《没有一个独立富强的国家就没有个人的一切》,《钱伟长文集(下卷)》,上海大学出版社2013年版,第847页。
③ 钱伟长:《没有一个独立富强的国家就没有个人的一切》,《钱伟长文集(下卷)》,上海大学出版社2013年版,第847页。
④ 钱伟长:《没有一个独立富强的国家就没有个人的一切》,《钱伟长文集(下卷)》,上海大学出版社2013年版,第847页。

影响力,广泛联络海内外赞成和平统一的人士与团体,积极促进海峡两岸的双向交往与合作,为推动中国和平统一做了许多有益的工作。虽历经几十年风风雨雨,依然是赤子胸怀,他坚决反对任何分裂祖国的图谋和行为,认为这违背中华民族的根本利益。他认为,必须尽快结束分裂状态,实现祖国的统一大业,只有这样才能使"中华民族真正自立于世界民族之林"[1],才能使中华民族实现腾飞。他始终以中华民族至今还未统一为自己的最大憾事,热切盼望祖国早日统一强盛。他觉得:

> 作为一个中国人我有责任回来致力于发展我们国家的科教事业。我早就认识到,一个国家的教育不发达,那是没有希望的。……中国古代的所有教育都有这一条,那就是一定要忠于民族忠于国家。……我们现在应有爱护民族的教育,应有爱护国家的教育,这就是说应加强爱国主义教育。而要使我们的民族生存下去,使我们的国家生存下去,就必须加强我们的国力,必须提高我们的综合国力。我们还应牢记一条,一个民族跟一个人的生存都应靠自己,而不能靠其他人。[2]

三、明确的政治性

钱伟长爱国主义教育思想具有明确的政治性。

钱伟长始终认为,要"自强不息,厚德载物,为人民服务"。为人民服务,这是他一生的信念和原则。新中国成立前夕,钱伟长和南北各大学及研究所的工作者们一起,坚守在岗位上迎接人民的胜利。他们骄傲地宣布:"全国重要的物理学工作者,没有一个屈服在蒋介石的威胁利诱之下,

---

[1] 钱伟长:《在"江泽民〈为促进祖国统一大业的完成而继续奋斗〉发表一周年座谈会"上的发言》,载《统一论坛》1996年第1期。
[2] 钱伟长:《和青年朋友们谈学习问题》,《钱伟长文集(下卷)》,上海大学出版社2013年版,第1204页。

跟他上台湾或者广东去。"他们看到隔离着科学和人民的藩篱被人民解放军所摧毁,前途一片无限的光明。他和他的同事们将"义不容辞地奔向光明的前途,要负起巩固人民民主的胜利和建设新民主主义的祖国的责任来"。当不少优秀的中国物理学者,或者"由于反动统治时代的社会秩序和反动政府忽视科学的结果,经常为一种苦闷的感觉所压迫着而离开祖国",或者因为在反动统治压迫之下"多数都退守到自己创造的实验室里,做着各种各样的研究"的时候,钱伟长满怀激情地准备"脱去消极态度,改造自己,努力学习,积极地走进伟大的人民行列,为人民服务"①。

作为一个教育工作者,钱伟长可以说是一个成功的"政治教育家"。他"在教育过程中参与政治"②。在传授知识的同时,也在向他的学生们输出他的世界观、价值观和人生观,首要的就是他的爱国主义思想。

的确,自古以来,教育就融合于政治之中,教育活动也是从属于政治的。难怪巴西著名教育家保罗·弗莱雷(Paulo Freire)如此宣称:"教育就是政治。"③我们可以看到,在教育活动和教育场景中,任何经过有意识指导的、有目的的行为就已经包含了某种政治立场;甚至是在教学过程中看上去不太重要的时刻(例如一阵短暂的沉默、一个微笑、一个手势、离开教室的一个请求、提问的方式)都具有政治意义。因此,教育"对于准备人们去参加社会生活,并因此而直接地或间接地,明显地或隐晦地塑造他们,总是起着重要的作用"④。

四、科学的实践性

钱伟长爱国主义教育思想具有科学的实践性。

---

① 以上均引自钱伟长:《中国的物理学》,《钱伟长文集(上卷)》,上海大学出版社2013年版,第23页。
② [巴西]保罗·弗莱雷著,熊婴,刘思云译:《十封信——写给胆敢教书的人》,江苏人民出版社2006年版,第126页。
③ Freire, P.& Shor, Ira. *A Pedagogy for Liberation*, London: Macmillan, 1987, p.46.
④ 联合国教科文组织国际教育发展委员会编著,华东师范大学比较教育研究所译:《学会生存——教育世界的今天与明天》,教育科学出版社1996年版,第188页。

钱伟长无论是对自己的学习工作,还是在培养人才方面,都非常注重跟实际结合。实事求是,一切从实际出发,理论联系实际,把实践作为检验真理的唯一标准,是马克思主义的精髓。实事求是的思想方法要求我们在处理事情时既要保持谦虚谨慎的态度,不能脱离实际,好高骛远,盲目自大,又要大胆创新,不为眼前的困难吓倒,裹足不前。钱伟长在这方面的事迹是不胜枚举的。例如,他两次利用"束水攻沙"的原理解决港道淤塞问题,为国家节约了大量宝贵资金;他足迹遍布大江南北塞外边陲,为国家的经济建设提出了诸多宝贵意见。即便是在遭受磨难的岁月里,他成为被打倒、批判的对象,很多权利都被剥夺,但他却从未放弃科研工作,继续在"地下"进行着各项研究,为国家和人民解决了很多问题。

另外,钱伟长认为,当前的教育要培养的是跨世纪的人才。这是怎样的一种人才呢?

> 不仅是知识多一点,也不仅是知识新一点,更重要的是这个跨世纪的人才能不能在新的环境中、在飞速发展的过程中创造性地为民族和国家负起责任、贡献力量。[1]

我们即将面对的形势是非常严峻的,"下一个世纪是激烈斗争的世纪,很多斗争是牵涉到民族生存死亡的。……下一世纪是以民族为主体,跟资本主义想垄断全球进行斗争的时代"[2]。所以我们要搞"科教兴国",要"通过培养这样一代人,他们能掌握和发展我们的科学技术,从而推动生产力发展和社会进步"[3],同时要能肩负起跨世纪责任,"对国家、社会、

---

[1] 钱伟长:《培养跨世纪的一代新人》,《钱伟长文集(下卷)》,上海大学出版社2013年版,第1134页。

[2] 钱伟长:《培养跨世纪的一代新人》,《钱伟长文集(下卷)》,上海大学出版社2013年版,第1135—1136页。

[3] 钱伟长:《培养跨世纪的一代新人》,《钱伟长文集(下卷)》,上海大学出版社2013年版,第1135页。

民族有责任感"①,这样才能为国家走上繁荣富强的道路做贡献。为此,他尤其重视思想政治教育工作,认为要从小开始抓国民素质教育,特别是爱国主义教育。

五、卓越的前瞻性

钱伟长爱国主义教育思想具有卓越的前瞻性。

所谓前瞻性,就是先进性、未来性,它具有可持续发展的特性。钱伟长的睿智之处,不仅在于能看清现在,还在于他能站在历史发展的高度,遵循事物发展的规律,预见未来,并尽可能地提出迎接未来的建设性的解决方案。

面对知识经济时代的机遇和挑战,发展中国家必须要顺应潮流,乘势而上,其命运和前途在某种意义上更是取决于能否把握时代的脉搏,积极调整本国的发展战略,适应时代的潮流。而一个国家的发展,根本就在于教育。于是,他高瞻远瞩地提出教育需要创新,需要改革,倡导全面推进素质教育,衷心拥护国家的"科教兴国"战略。

钱伟长在半个多世纪的教育生涯当中,发现不少年轻学生的"知识面相当狭窄,特别是理工类的学生,对科学史不甚了了,有'数典忘祖'的苗头"②,不仅对自己的专业发展史不甚了解或者一无所知,学习上也不讲究方法,不是死读书,就是瞎闯。他对这种现象非常忧虑。因而在20世纪80年代初刚到上海工业大学任校长之时,钱伟长就提出"拆除四堵墙"的教育改革理念,并采取了以学分制、选课制和短学期制"三制"为核心的一系列卓有成效的改革措施。在钱伟长教育思想的指导下,上海大学的教育教学工作取得了跨越式的发展,不仅在短时间内跻身全国"211工程"

---

① 钱伟长:《培养跨世纪的一代新人》,《钱伟长文集(下卷)》,上海大学出版社2013年版,第1136页。
② 钱伟长:《〈古今力学思想与方法——第二届全国力学史与方法论学术研讨会论文集〉序》,《钱伟长文集(下卷)》,上海大学出版社2013年版,第1434页。

重点大学行列,还培养了一大批具有爱国主义和辩证唯物主义思想,有创新精神的全面发展的大学生和研究生。前瞻性的可持续发展理念带来的是不容错过的发展机遇,当前的上海大学正在这种独到的教育理念的带领下,向着更为远大的目标前进。

第五章　钱伟长爱国主义教育思想实践成果

我没有专业的,祖国的需要就是我的专业。

我们的民族若没有那么一批人敢于把国家的责任挑起来,用全部精力来为国家和民族工作,我们这个民族就会永远被人欺压。①

——钱伟长

钱伟长一生志向高远宏阔,对祖国的强烈责任感真正贯穿他的一生,其宗旨始终在于勉励自己并教育青少年要为"建设富强康乐之新中国"努力奋斗。他所秉持的爱国主义宗旨和原则,从根本上指导着他的实践活动,并最大限度地在实践活动中体现出来。

第一节　融汇于自身学习生活

一、为国弃文改学理

1931年9月16日,钱伟长来到清华大学报到的第三天,就传来了日军

---

① 钱伟长:《没有一个独立富强的国家就没有个人的一切》,《钱伟长文集(下卷)》,上海大学出版社2013年版,第847页。

一夜间占领东北三省的"九·一八"事变消息,闻讯的年轻人无不义愤填膺。"我自然地想到,学文史是远水救不了近火,终于下了弃文学工学理的决心。"①因为那时候"不晓得有原子能,只大概知道物理是制造飞机大炮坦克等武器装备的基础"②。多年后,钱伟长回忆道:

> 进入大学的第一件事是选系。我在中学里确实爱好文科,而对理科特别是数学、物理视为畏途。但在"九·一八"事变后,和大多数青年一样激发了"科学救国"的热情,可是也并不理解科学是什么,以为数理化即科学,所以我就决心弃文学理。③

当时因为钱伟长听说学校里有一位人人传颂的科学家,也就是吴有训先生,在物理系担任主任,自然"力图进入物理系"④。钱伟长就找了吴有训教授,谈到申请转学物理系的愿望。而当时,106位新入学的学生中,要求进物理系的有21人,所以就出现了这么一个现象:"对那些入学考试物理、数学成绩好的同学,系里当然欢迎,而对我却尽力劝说到别系去。"⑤原因无他,钱伟长是闻名遐迩的文科双百生,却是物理几近于零分的偏科生,这种情况对于他学习物理非常不利。所以在他一再找系主任吴有训教授时,就得到了吴教授"学中国文学或者历史"的恳切建议。钱伟长始终记得当时的情况:

---

① 钱伟长:《怀念我的老师叶企孙教授》,《钱伟长文集(下卷)》,上海大学出版社2013年版,第1100页。
② 钱伟长:《怀念我的老师叶企孙教授》,《钱伟长文集(下卷)》,上海大学出版社2013年版,第1100页。
③ 钱伟长:《怀念我的老师吴有训教授》,《钱伟长文集(下卷)》,上海大学出版社2013年版,第859页。
④ 钱伟长:《怀念我的老师吴有训教授》,《钱伟长文集(下卷)》,上海大学出版社2013年版,第859页。
⑤ 钱伟长:《怀念我的老师吴有训教授》,《钱伟长文集(下卷)》,上海大学出版社2013年版,第859—860页。

我一再找系主任吴有训教授,他就拿出我的全部入学试卷,恳切地提出我学中国文学或历史最合适,并说中文系的杨树达教授很欣赏我的那篇作文,希望我到中文系去;历史系的教授对我的答卷也特别满意(题目是写出二十四史的名称、卷数、作者、注者),希望我到历史系去。但是我的数理化三科考分的总和不到100分(其他同学的成绩都在200分以上),英文也考得不好(当时理科教材多是用英文本),将增加学习困难。吴老师极力劝导我学中文或历史,说中国文学和历史也是国家民族所需要的。他见我身体瘦小羸弱,特别关切地说要根据个人的条件选择科系,物理系每届都有一半同学承受不了学习负担而转系,对学校和个人都是损失。他担心我承受不了物理系功课的负担。①

只是吴有训没有料到他所面对的是一位已下定决心、态度坚决的青年大学生。钱伟长说:"要弃文学理,是我经过反复思考决定的愿望,是不会轻易更改的了。"②在钱伟长的极力坚持和一个多星期的恳谈下,吴有训终于同意暂时接收这位立志学"飞机大炮"的爱国学生,但又给了他一个"考验":

  吴老师同意我暂时读物理系,但是要我保证在学年结束时,物理和微积分的成绩都超过70分,同时选修化学,还要加强体育锻炼,向马约翰教授学习。③

---

① 钱伟长:《怀念我的老师吴有训教授》,《钱伟长文集(下卷)》,上海大学出版社2013年版,第860页。
② 钱伟长:《怀念我的老师吴有训教授》,《钱伟长文集(下卷)》,上海大学出版社2013年版,第860页。
③ 钱伟长:《怀念我的老师吴有训教授》,《钱伟长文集(下卷)》,上海大学出版社2013年版,第860页。

当时，钱伟长觉得这些要求的确是很全面和高标准的，因为除了物理系的每周功课外，他还要加修"两个下午的物理实验和两个下午的化学实验，还有课外锻炼"①，为此必须加倍努力克服困难，达到吴有训的要求，否则就得"转系"。

我要实现弃文学理的愿望，就必然要承受物理系学习的压力。最困难的是第一个学期，除学习正课和做实验外，还要自己补习英文和中学的一些基础数学，只得夜以继日苦读。

开始我听课记笔记，仍用中学生的办法，但效果不好，每周20分钟的课堂测验，我竟一连七个星期不及格。吴老师不断给我指导，告诉我学物理不像学中文，不要追求文字的死记硬背，而要体会其严格的概念，要学通，通就是懂了，懂了才能用，用了就自然记得了。劝我不要上课只顾记笔记，至多写一些简单的标题和名词，重要的是仔细听讲，力求当堂听懂，课后用自己的语言择其关键，再简明写出，一堂课至多写出5条到10条就足够了。在写的过程中发现有不明白的，可以看有关的参考书。为减轻我读英文的困难，吴老师给了我一本某校的中译本讲义，便于查阅。以后还经常给我具体指导，使我从死记硬背改进到掌握学习的科学方法，培养了有效的自学能力，逐步提高了学习成绩。第一学期物理及格了，学年终了时各科都追到了70多分（当时考核成绩是非常严格的，得70～80分就不易了，很少能得到90分的），实现了我的保证，四年后以优异的成绩毕业。②

---

① 钱伟长：《怀念我的老师吴有训教授》，《钱伟长文集（下卷）》，上海大学出版社2013年版，第860页。
② 钱伟长：《我的求学之路》，《钱伟长文集（下卷）》，上海大学出版社2013年版，第1225—1226页。

第五章　钱伟长爱国主义教育思想实践成果

在钱伟长的奋发努力下，四年后他以优异的成绩毕业于物理系并考上了吴有训的研究生，为自己科学救国的远大理想奠定了坚实的学业基础。

二、积极活动抗敌寇

正当钱伟长在学业上取得突飞猛进的进展，并要进一步向新的高峰攀登时，日本帝国主义在占领东北后，把侵略的魔爪伸向了同样富饶美丽的华北。"眼见华北的主权，也要继东三省热河之后而断送了"，"华北之大，已经安放不得一张平静的书桌了"[①]。而正当中华民族面临生死存亡的严重危机时，国民党政府却一方面继续执行不抵抗政策，另一方面加紧"围剿"红军，并镇压人民的抗日救国运动。1935年，"一二·九"爱国学生运动终于爆发。

而其时已成为清华大学学生救国会积极分子的钱伟长，一方面对于反动政府的"不抵抗主义"感到深恶痛绝，另一方面，又深感亡国之痛，于是，毅然"暂时丢开书本，尽力之所及"[②]，想为国家民众做点实际工作。他满怀激情地投入抗日救国的洪流：1935年冬季北平的两次抗日救亡大游行，清华大学南下自行车抗日宣传队，无数次的游行示威活动等。次年1月13日，清华大学南下自行车抗日宣传队抵达国民党政府所在地南京，15日队员遭军警无理关押，并被遣送回北平。这以后，钱伟长还加入民族解放先锋队和海燕歌咏团等中共的外围组织……

在积极活动中，钱伟长和中文系的女同学孔祥瑛相遇相识相知。出身书香门第的孔祥瑛，少年就读于天津南开女中时，就参加了大量的抗日救国运动，是一位极具爱国主义情结的进步女生。共同的爱国志向使得两个年轻人走到了一起。这也更促进了钱伟长爱国主义思想的进一步升

---

① 蒋南翔：《清华大学救国会告全国民众书1935年12月9日》，载《清华大学史料选编》1991年版，第906页。

② 蒋南翔：《清华大学救国会告全国民众书1935年12月9日》，载《清华大学史料选编》1991年版，第907页。

华。也是从那时起,钱伟长和孔祥瑛携手共同度过了风雨兼程的六十年岁月,始终患难与共,不离不弃。

在反对美国扶植日本侵略势力复活的爱国运动中,钱伟长与吴晗、张奚若等民主教授一起,联合110名教职员工发表声明:

> 为反对美国政府的扶日政策,为抗议上海美国总领事卡宝德和美国驻华大使司徒雷登对中国人民的诬蔑和污辱,为表示中国人民的尊严和气节,我们断然拒绝美国具有收买灵魂性质的一切施舍物资,拒绝购买美援平价面粉,一致退还配购证,特此声明。[①]

掷地有声的严正声明,表达了一位不屈的中国知识分子的崇高爱国情怀和铮铮铁骨。

三、努力护校迎新生

1948年,解放军抵近北平。钱伟长一方面积极支持老岳父孔繁霱先生北上京师动员傅作义起义,一方面积极参加护校斗争,和护校委员会的其他同志一起每天值夜守卫巡逻,动员师生保卫学校。

12月13日,解放军追击国民党溃兵时,流弹落进了清华园。钱伟长配合地下党的工作,在流弹的呼啸声中,他镇定自若地教授"射击弹道的计算",使得在场的师生们尤为感动。

新中国成立前夕,钱伟长和同事一起出城寻找解放军,在荣高棠、钱俊瑞、叶剑英和陶铸的帮助下,还为清华园的师生们解决了粮食问题。

当他风尘仆仆地回到家时,适逢小女儿出生,心中充盈着北平解放喜悦之情的钱伟长为刚刚来到人世间的小天使起名叫"歌放",意为歌颂解放。

---

① 贺崇铃:《清华大学九十年》,清华大学出版社2001年版,第153页。

第二节　凝练于教学管理领域

钱伟长教书育人长达半个世纪,始终坚定地站在科学教育战线的最前沿,他认为这是他的"天职"。他曾多次在不同场合强调爱国主义教育的重要性,指出在学科教学和业务教育中应该贯穿爱国主义教育,因为爱国主义教育"是一切教育工作的前提,贯彻爱国主义教育是目前教育工作的中心任务"①。他一直主张:

> 我们培养的学生首先应该是一个全面的人,是一个爱国者,一个辩证唯物主义者,一个有文化艺术修养、道德品质高尚、心灵美好的人;其次,才是一个拥有学科、专业知识的人,一个未来的工程师、专门家。②

一、杏坛育人结合爱国主义教育

我国高等教育法第五条规定,高等教育的任务就是培养具有创新精神和实践能力的高级专门人才,发展科学技术文化,促进社会主义现代化建设。因此,在高等教育中,就有两方面的工作需要同步进行。

第一,需要有一支强大的高水平的师资队伍作保证。钱伟长认为师资水平的提高需要科学研究做支撑,教师在做好教学工作的同时必须进行科学研究。对此,钱伟长有一句名言:

> 你不上课,就不是老师;你不搞科研,就不是好老师。教学是必要的要求,不是充分的要求,充分的要求是科研。科研反映你对本学

---

① 钱伟长:《物理教学与爱国主义教育的结合》,《钱伟长文集(上卷)》,上海大学出版社2013年版,第43页。
② 钱伟长:《教育与教学问题的思考》,上海大学出版社2000年版,首页。

科清楚不清楚。教学没有科研作为底子,就是一种没有观点的教育,没有灵魂的教育。①

只有进行科学研究的人、参加科学创新的人,才有条件理解在当今快速发展的科学战线上的创新精神,从而在教学工作中培养具有创新精神的人。钱伟长经常与教师们座谈,鼓励教师确立远近结合的科研目标。首先是"近",也就是能解决当前社会生产中碰到的若干紧迫问题。我国目前的情况是有大量这种性质的问题,对此处理得当,有很好的结论,就会对国家有贡献。但这个方面不能一天到晚地做,同时,还必须考虑到"远",也就是远期科研目标。这样,有远大眼光的人做远期工作,可以使教学科研都搞好,队伍也能成长起来,达到四个现代化的要求。

第二,高等教育培养的人才应该是全面发展的人,其中首要的是要具有爱国精神。他经常给学生们举这样一个例子,一个地质学家为了采集一些标本来进行自己的研究,竟把国宝——北齐的石刻"经石峪"给炸掉了,给国家和人民造成了不可估量的损失,自己最终也身陷囹圄②。钱伟长得知这个消息后,痛心疾首:

你看,一个专家,没有文化,他根本不晓得北齐是什么,这个石刻是多么重要的东西,多么值钱的东西,他不晓得,他光学了地质,没有

---

① 钱伟长:《对高等教育改革的一些意见》,《钱伟长文集(上卷)》,上海大学出版社2013年版,第511页。
② 原文如下:我们专业人员历史知识没有,地理知识没有,很危险哪!大家晓得,在泰山底下,有一个很有名的石刻叫"经石峪",是北齐四年刻在那儿的。一部经,有二千二百多个字,是我们的国宝,是全国性的文物保护单位。有那么一个地质学家,他是个专业人员了,地质学家嘛当然是大学毕业,去了一看,说这个石头好,在华北没有看见过,他要这个石头。他有权,还有队伍,"来,凿个眼,把火药埋进去,给我炸一块下来!"当地的乡长、县长、文物保护人员把他围起来,不许他炸。他说:"不行,我们搞地质的人是可以通行无阻的,只有解放军可以阻止我们。"那么,没等解放军来,他就把它炸了。现在还剩八百多个字。这个人后来当然被关起来了。破坏文物,人家劝告不听,现在不知道怎么样了。(参见钱伟长:《智力开发和人才培养问题》,《钱伟长文集(上卷)》,上海大学出版社2013年版,第630—631页。)

第五章　钱伟长爱国主义教育思想实践成果

学历史。①

因为,精通中国传统文化的钱伟长深深明白,这是传统文化遗产中不可再生的稀世珍宝。他认为,大学生的文化素质是必须涵盖社会科学和自然科学两大方面的,专业技术与人文科学素养缺一不可,这样可以使他们更好地理解科学知识,增加创新因素,更重要的是,可以对他们的世界观、人生观和价值观产生重大影响。假如一个受过高等教育的大学生,仅仅为了自己的研究,就罔顾对国家和社会应有的责任感,这样只考虑自己的小利益的人,如何能担起跨世纪的重任? 更遑论为祖国和人民做贡献了。因此,他将能否培养具有爱国主义精神的人才看作是我国高等教育成败的重要标志,认为:

> 个人、家庭是私……但大公更重要,要考虑整个民族和国家。如果学生不能很好地理解这一条与做到这一条的话,那我们的教育是失败的。②

为此,钱伟长总是通过各种机会与学生、学生干部见面、谈话和给他们做报告,利用各种途径教育学生要热爱祖国,做有志气、有担当的中国人,担负起建设祖国的重任。

钱伟长著名的"拆四堵墙"思想就是为了培养全面发展的人才而提出的。自20世纪80年代初出任上海工业大学校长后他就多次强调要"拆四堵墙",即:拆"学校与社会之间的墙",适应社会的变化,密切"校""社"关系,为社会服务;拆"各学院与各专业之间的墙",对本科生

---

① 钱伟长:《智力开发和人才培养问题》,《钱伟长文集(上卷)》,上海大学出版社2013年版,第631页。
② 钱伟长:《培养跨世纪的一代新人》,《钱伟长文集(下卷)》,上海大学出版社2013年版,第1136页。

实行基础教育和通才教育,立足培养宽口径、厚基础的复合型人才;拆"教学与科研之间的墙",实行"两个中心,一支队伍",培养同时具有科研与教学能力以及创新能力的教师队伍;拆"教与学之间的墙",提倡教学相长,培养敢于探索、敢于战胜自我,具有创新精神、实践能力和自学能力的学生。①

为此,他不遗余力地推动教学改革,以"敢为天下先"的勇气迈出了我国高等教育史上的"教改的第一步"——实行著名的"学分制、选课制和短学期制"(简称"三制")。

> 学分制立足以学生为本,在制度上保证学生是学校的主体,学校以学分预制与计算学生的学习量,以计划学分的合理分布构筑学生的基本知识库,学生则根据教学计划要求完成的学分,自主安排学习进程,修满学分就毕业,尤其是可根据社会需求和个人特点搭建自己的知识结构,体现个性教育和扬长教育。
>
> 选课制把学习的主动权交给学生,学生自主选择课程、教师、上课时间及上课地点,教师在被学生选择的环境中改革教学方法,形成适度竞争,同时激励学生在教学资源有限的条件下努力学习,通过成绩争先取得资源的优先使用机会,学校则根据学生需求,加大对本科

---

① 参见:"钱伟长校长提出了拆除'四堵墙'的办学理念,一是拆除学校与社会之间的墙,强调学校的教学和科研必须结合社会需要,解决社会经济发展中存在的各种问题,为社会服务。二是拆除教学与科研之间的墙,强调高校要成为'教学与科研两个中心',要求学校每一位教师既要从事教学,又要从事科研,以科研带动教学,以教学促进科研,坚持'两个中心,一支队伍'。强调只有具备创新能力的教师才能培养出具有创新精神的学生。三是拆除各学院和各专业之间的墙,强调学科交叉,文理渗透,理工结合,夯实基础,淡化专业,注重科学素质教育与人文素质教育的整合,立足培养宽口径、厚基础的复合型人才。四是拆除教与学之间的墙,提倡教学相长,教师应该循循善诱,学生则通过教师的引导,逐渐培养敢于探索、敢于战胜自我、具有创新精神和实践能力及自学能力;在工作中能自觉学习新知识、面对新的条件能解决问题;强调在教和学这对矛盾中,学是矛盾的主要方面。提出拆除这四堵墙集中反映了钱伟长教授的办学理念。"(叶志明:《以马克思主义中国化的最新成果为指导,认真学习、研究和实践钱伟长教育思想》,载《上海大学学报(社会科学版)》2008年第2期。)

教学的投入,进行教学资源的整合和优化配置。

短学期制就是把一学年划分为三个理论教学学期和一个集中实践学期(夏季学期),每一理论教学学期安排10周理论教学,一周半考试,两个理论教学学期之间有半周左右间隙假(寒、暑假仍然存在)。夏季学期安排5周左右,主要是集中安排课程设计、各类实习和社会实践。短学期制在制度设计上客观形成减少课程学时的条件,教师精讲,学生自学,加强了实践教学的比重和力度,把培养学生实践能力置于集约化实施和管理的环境中,也加快了教与学的节奏。[①]

钱伟长力图引进国际先进教学经验,以创新的教育理念和教改措施,构建培养创新人才的良好学术生态环境,实现"因材施教"的人才培养观。其中的短学期制(即一年三个学期加一个实践学期)在我国属于首创。当时全世界也只有少数几所大学实行"三学期制":美国三所(其中的斯坦福大学是当时美国最好的大学),加拿大三所(其学校状态和当时的上海大学现状差不多)。[②]

"用短学期制来克服学生负担过重的问题"是钱伟长教育实践中的最大闪光之处。其对创新人才培养的意义是非常深刻的,一方面"考的内容又比从前少,学生可以经常注意自己的学习",能够减轻学习负担,有利于学生去积极主动地学习,并进行社会调查和到工厂实践;另一方面削减了课程内容,促使教师讲课更为精练,有利于提高教学质量,把着重点转移到培养学生的创新能力上来。

在20世纪80年代的中国,借鉴和引进短学期制,从传统的两学期制到三学期制的改革,没有过人的胆识与勇气是绝不可能实现的。钱伟长

[①] 曾文彪:《实践钱伟长教育思想,高扬自强不息的上大精神》,载《上海大学学报(社会科学版)》2008年第2期。

[②] 叶松庆《钱伟长的科学教育思想与实践》,载《上海大学学报(社会科学版)》1999年第4期。

却以对国家和人民高度负责的心态和自强不息、坚忍不拔的精神做到了这一点。这些重大改革活跃了学校的学术空气,活跃了学生的学术思想,使上海大学这所我国较早进行实质性合并办学的地方普通高校,一跃成为华东地区规模最大、学科齐全、特色鲜明的综合性大学。

学校改革的成功经验在20世纪90年代获得广泛认同。时任国务院副总理的李岚清于1994年、1999年两次来校视察,高度赞扬学校取得的改革与发展成果,并给予了充分肯定,"上海大学搞这个是对的"[1],此后还撰文指出:

> 20世纪90年代初期,一些地方按优势互补的原则对当地高校的布局结构进行了调整,出现了由多所高校合并重组的南昌大学、上海大学、扬州大学、广西大学、延边大学等合并办学的好典型,因此,要认真总结他们的经验,并加以肯定和推介。[2]

二、学科教学贯穿爱国主义教育

钱伟长认为,在学科教学和业务教育中也应该贯穿爱国主义教育。

> 绝对不能把爱国主义教育和某一专门的业务教学分开来看,把它单纯地看作只是现阶段的一个政治任务。因为,只有我们把爱国主义教育贯彻到每一业务教学中去,才能达到提高业务的目的,才能很好地完成培育青年的任务。[3]

---

[1] 叶松庆:《钱伟长的科学教育思想与实践》,载《上海大学学报(社会科学版)》1999年第4期。
[2] 李岚清:《李岚清教育访谈录》,人民教育出版社2003年版,第84页。
[3] 钱伟长:《物理教学与爱国主义教育的结合》,《钱伟长文集(上卷)》,上海大学出版社2013年版,第43页。

这是钱伟长1951年时针对物理教学与爱国主义怎样结合的问题时提出的观点,时至今日,无论在哪一门学科教学中,都仍然具有指导意义。

在人文社会科学学科教学方面,钱伟长曾专门请了有关法律、经济、管理等方面的教师召开研讨会。他认为,"社会科学的问题都是国家第一线的问题","对社会科学我们用科学态度来认识它、使用它,使它为人类服务"①。这种科学态度,既包括对待自然科学的态度,也包括对待社会科学的态度。随着时代的发展,原先的经济模式已经不适合国家的发展需要,必须要转变传统的思考方式。而在教学中,则必须开始要重视案例教学法,要求"经济、管理、法学等学科的教材应以案例教育为主,不能只是些空洞理论",因为从理论到理论不解决实际问题,还需要"增加一些国际案例,百分之五六十国际案例,百分之四十国内案例,为开放服务"②,从而使学生通过实践过程来获得认识,又通过实际事例来加深认识。他还以外贸中的倾销与反倾销为例来说明案例教学的重要性。他认为,现在的对外贸易就是打仗,是为我们国家利益打仗。因此,我们要用实际生活中发生的各种案例来"武装学生","要教会学生有科学处理问题的头脑和方法,这是最关键的"③。在这个基础上逐步学会进步与发展,才能促进国家的科学进步。他始终认为,我们要培养专家,但"不能忘了专家还有许多社会责任",要做专门家,首先得做"一个全面发展的人,一个有道德、有修养、能负责的公民"④。

在自然科学学科教学方面,以物理教学为例,钱伟长指出,在物理教材中,"有很大一部分是非爱国主义的,是带有中立色彩的,甚至于是爱了

---

① 钱伟长:《文、法、管理、经济诸科要重视案例教学》,《钱伟长文集(下卷)》,上海大学出版社2013年版,第1168页。
② 钱伟长:《教育要与社会经济发展相结合》,《钱伟长文集(下卷)》,上海大学出版社2013年版,第1085页。
③ 钱伟长:《文、法、管理、经济诸科要重视案例教学》,《钱伟长文集(下卷)》,上海大学出版社2013年版,第1168页。
④ 钱伟长:《文、法、管理、经济诸科要重视案例教学》,《钱伟长文集(下卷)》,上海大学出版社2013年版,第1166页。

别人的国家的"①。他详细举例说明了自己的观点。如发明权问题、度量衡制度以及反映资本主义国家生活的教材图文等。钱伟长认为发明权问题是极端政治性的,是种族优劣论的最简单的论据。在资本主义国家之间,对发明权就有很多争执。例如牛顿三定律,实际上,第一、第二定律都是伽利略发明的,牛顿只发明了第三定律。

> 牛顿不只是英国的伟大科学家,而且是当时的财相和贵族。英美统治阶级要捧牛顿爵士,而把拉丁民族的伽利略的伟大贡献予以歪曲,或放在陪衬的地位,自然是符合资本主义统治阶级一贯作风的。
>
> 又如伽马射线的异常吸收实验是我们赵忠尧先生首先完成的,这个工作是后来证明正电子存在的重要论据,所以在近代物理学上很有地位。
>
> 英国人却认为是葛来、泰伦的贡献,实际上这两位英国人是在看到赵先生的论文后,才去重新做的。英帝国主义影响之下的科学家,便完全抹杀了赵先生的贡献。
>
> 无线电,原先天经地义地认为是马可尼发明的,但是现在事实上证明了是苏联的先进科学家波波夫的创造。这些证明了的发明权本身就是具有政治性的。②

钱伟长认为,近代中国因为受着帝国主义、资本主义国家的侵略而沦为半殖民地,很多半殖民地性质的思想内容无疑会在物理教材中有所反映。因而物理学不是纯粹的科学,并不是超然于政治之外的,"我们所奉

---

① 钱伟长:《物理教学与爱国主义教育的结合》,《钱伟长文集(上卷)》,上海大学出版社2013年版,第43页。
② 钱伟长:《物理教学与爱国主义教育的结合》,《钱伟长文集(上卷)》,上海大学出版社2013年版,第44页。

为圭臬传授给学生的教材,就是有政治性的、半殖民地性的"①。因此,

> 把这些教材检查出来,予以删除,或予以改正,代之以爱国主义的教材,便不难把物理学的教学水平大大地提高一步。②

钱伟长同时指出,结合爱国主义教育在删去非爱国主义的教材内容之后,还要采取对应的积极措施。首先要从教学的过程中加强青年的民族自尊心。

> 要尽量地、恰当地介绍我国伟大祖先们在物理学上的发明和发现,使青年们肯定地认识到我们中华民族和世界上其他任何民族一样,有着优秀的和高贵的品质。③

为此,教育工作者要不断地发掘中国古代物理学的发明和发现,把这些事实正确地编入教材。当然,结合爱国主义教育要注意一些事项,如既要认识到祖先的发明创造是值得后人骄傲的,又绝不要自满,因为还必须认识到,"由于封建社会制度的关系,在反动统治下,使祖先们对于自然现象的认识仅止于现象的观测,而不可能发展成为系统的科学"④。在教学过程中还应该把我国的物理学工作者在近代物理学上的贡献介绍给青年们。例如,叶企孙所测定的普朗克常数;钱学森在高速空气动力学方面的研究;萨本栋在电信网络分析方面的贡献;吴有训在X射线的康普顿效应方面的重要贡献;等等。

---

① 钱伟长:《物理教学与爱国主义教育的结合》,《钱伟长文集(上卷)》,上海大学出版社2013年版,第43页。
② 钱伟长:《物理教学与爱国主义教育的结合》,《钱伟长文集(上卷)》,上海大学出版社2013年版,第43页。
③ 钱伟长:《物理教学与爱国主义教育的结合》,《钱伟长文集(上卷)》,上海大学出版社2013年版,第45页。
④ 钱伟长:《物理教学与爱国主义教育的结合》,《钱伟长文集(上卷)》,上海大学出版社2013年版,第46页。

总之,目的就是在物理学教学里用事实来说明真实性,"说明我们伟大的中华民族,和其他民族一样有着优秀的品质"①,以此来培养青年人的民族自尊心。

爱国主义教育还应当紧密联系生活。钱伟长认为,物理学的题材和人类生活中的物理现象以及人们的生活息息相关,它是"紧紧地和我们人民的生活、我们祖先的劳动奋斗、我们民族的繁衍生息结合着的"②,因而物理学是最容易培养学生从了解生活和热爱生活中产生热爱祖国的自发情绪的一门学科。例如,关于"流速"问题可以引用黄河的水流数字,使青年了解关于黄灾的具体问题;关于温度,可以讲今日的温度、本地的最高与最低温度和全国各地温度的变化;等等。可以用具体事例使物理教学和青年的生活结合起来,和青年们所生活的环境结合起来。从这些具体的结合里让青年对生活和环境有具体深刻的认识,从而产生热爱祖国的情绪。

此外,爱国主义教育应该指出祖国建设的伟大前程。在物理学教学中让青年了解祖国的伟大前程,巩固和发展青年参加伟大祖国建设的信心和积极性。

第三节 体现于国家社会建设

一、定规划不畏权贵

新中国成立后,钱伟长以空前的热情投入新中国的建设事业。1956年,他参加制订我国第一个科学技术发展远景规划,力主发展航空航天方面。在中央电视台《大家》栏目的采访中,钱伟长说:"我也没学科,我自己也不提,我是国家需要什么搞什么。(50年代搞规划的时候)……这样一

---

① 钱伟长:《物理教学与爱国主义教育的结合》,《钱伟长文集(上卷)》,上海大学出版社2013年版,第46页。
② 钱伟长:《物理教学与爱国主义教育的结合》,《钱伟长文集(上卷)》,上海大学出版社2013年版,第43页。

来,就跟他们吵啊,那边有四百多人。只有两个人支持我,他们都是刚回来的。一个是钱三强,他是搞原子弹的,他本身就需要这个东西;一个是钱学森,他是搞航天的。他们两个人帮我们谈判,吵了一年多……"当记者说:"当时您跟这四百多个科学家,在争论的时候,应该说压力也很大,因为他们也是各个学科领域的带头人。"钱伟长回答:"我怕得罪他们,都是有权的。"记者又问:"您怕得罪他们,为什么还这么坚持?"钱伟长说:"不过我觉得,我还是要说真话,国家应该怎么办,不能听这些话。"

后来钱伟长与钱学森、钱三强一起,被周恩来总理誉为我国的"三钱"。

二、行万里"金点"频发

钱伟长少年时代熟读古籍,尤其喜欢读司马迁的《史记》,太史公的游学经历对他影响很大。再加上秉承钱家的游学传统,钱伟长每年有很长时间在各地做学术旅行,足迹遍及大江南北、长城内外甚至海外,总行程数以百万公里计。

更为让人感动的是,他每到一地,并不是吟诗作画,寄情山水,而是"行装甫卸,或到工厂农村考察,或与人作学术交流,或做学术报告。凭借着他的深厚的学术功底,他会经常给东道主出'金点子'"[①]。例如,他曾和费孝通教授一起对苏南十一个县市组成的小城镇群进行大规模的经济调查;他曾对大西北、大西南和老少边区进行了十几次的系统考察;他曾三次去新疆考察水源,并向中央汇报了开发水源的建议;他曾多次到滇西考察,行程近万里,提出了多条滇西致富的建议[②];他曾参与提出如何开发黄河三角洲、如何开发闽东经济、西南少数民族地区如何扶贫致富的许多建

---

① 戴世强:《浅论钱伟长学术思想中的人文精神》,载《上海大学学报(社会科学版)》2006年第1期。
② 钱伟长:《关于滇西地区开发的若干建议》,《钱伟长文集(下卷)》,上海大学出版社2013年版,第770—774页;钱伟长:《富裕的贫困和贫困的富裕——滇西地区开发初议》,《钱伟长文集(下卷)》,上海大学出版社2013年版,第785—790页。

议……

其中最为有名的莫过于他的让人津津传诵的两次"束水攻沙"[①]故事。

一次是"马尾市束水救军港"。1983年钱伟长在应邀访问福建参观马尾军港时,提议"束水攻沙",动用闽江木船搬运抛投乱石造堤,用所造成的急流冲去泊位区的淤沙,仅仅动用百万元资金,就让耗资6亿元修建却即将报废的军港复活,迄今未发生淤积问题。

另一次是"黄河口攻沙疏淤塞"。他在访问山东省时发现黄河出海口的淤塞问题,经过仔细调研后,再次提出"束水攻沙"的建议。因为没有现成水流可用,遂调用大批消防车用高压水龙等机械设备来"束水攻沙",收到良好效果。

三、促统一鞠躬尽瘁

钱伟长为积极推动祖国的统一大业做出了杰出贡献。1983年后,钱伟长历任中华人民共和国香港特别行政区基本法起草委员会委员、澳门特别行政区基本法起草委员会副主任委员、中国和平统一促进会执行会长、中国海外交流协会会长等职务。

在担任全国政协领导职务期间,钱伟长坚持贯彻中共中央关于统一战线和人民政协的方针政策,积极参加国家政治生活,参与党和国家大政

[①] "黄河从上游带着大量的沙粒疾行而下,到了下游,人民都引河水灌田,使河流慢下来,以致入海的出口渐渐淤塞,于是一到水涨,就不时溢出,造成水患。这样的情形,一直到王莽时(公元9~22年)有位长安人张戎科学地提出了水流流速与沙淤的关系。这个科学的结论,为以后有名的水利工程师王景(汉明帝,公元69年)、贾鲁(金泰定,公元1351年)、潘季驯(明嘉靖,公元1565年)、靳辅(清康熙,公元1677年)等治河的基本原则。他们根据这个原则,创造了'筑堤束水,藉水攻沙'的治水方法。这些工程师们在坚决地执行这个原则时,克服了不少工程上的困难,发动千百万的人民群众,完成了不少伟大的修渠筑堤工程。"(摘自钱伟长:《中国古代的科学创造》,《钱伟长文集(上卷)》,上海大学出版社2013年版,第25页。)又见《辞海》:"束水攻沙,中国自西汉以来治沙的一种措施。方法是在宽浅河段筑堤或修建其他河工建筑束狭河床,增大流速,利用水流自身力量冲刷泥沙,防止淤积。西汉张戎指出:'水性就下,行疾则自刮除,成空。'……潘季驯更加以运用发展,他在《河议辩惑》中说:'水合则势猛,势猛则沙刷,沙刷则河深。'又说:'筑堤束水,以水攻沙。水不奔溢于两旁,则必直刷乎河底。'"

方针的协商。

钱伟长广交海内外朋友,多次参加或率领全国政协代表团出国访问。

在先后担任香港特别行政区基本法起草委员会委员兼文教宗教小组组长、区旗区徽评审委员会主席,澳门特别行政区基本法起草委员会副主任委员期间,为香港、澳门顺利回归、平稳过渡做出了积极贡献。

在担任中国和平统一促进会执行会长和中国海外交流协会会长期间,钱伟长多次接待与接触了前来大陆参观访问、投资洽谈的台湾及海外朋友,在传播和展示我国改革开放与现代化建设成就,发展与华侨华人多领域合作交流等方面,发挥了积极作用。

钱伟长坚决反对"台独"、反对分裂,希望早日实现祖国的和平统一。即便晚年身卧病榻,仍关注两岸关系的发展变化,为促进祖国统一贡献了自己的力量。

四、制钱码弘扬母语

钱伟长还以其深厚的国学功底,对中文信息处理做出了重要贡献。列宁说:"我们酷爱自己的语言和自己的祖国。"[①]钱伟长同样酷爱自己的语言和祖国,这从他熟知和热爱祖国的历史文化,并一心推动支持汉字信息的研究可以看出。

首先,他认为汉字信息量很多,很巧妙,并且容易吸收外来文化,更重要的是汉字在和平统一方面有着独特的作用。他说:"假如我们没有汉字这样一个基础,老实说,我们现在很有可能三十几个国家"[②]。他坚决反对居心叵测的人利用文字来搞分裂。"因为文字一不在一起,就很容易分裂出去。时间长一点就出事"[③]。其次,汉字属于符号文字,具有符号文字"国

---

① 《列宁全集:第21卷》,人民出版社1992年版第84—85页。
② 钱伟长:《振兴中华,汉字大有可为》,《钱伟长文集(下卷)》,上海大学出版社2013年版,第835页。
③ 钱伟长:《振兴中华,汉字大有可为》,《钱伟长文集(下卷)》,上海大学出版社2013年版,第836页。

际性、通用性"的特点,"很有前途,在现代化的过程中汉字的优越性逐步地呈现出来"①,他预测汉字"可能将来是未来世界语的一个基础"②。最后,汉字如果结合科技手段,可以为先进文化做贡献。

他根据人们使用汉字的习惯及普遍的识字规律,结合汉字结构的特点,提出"汉字宏观字形编码",简称钱码③。钱码的特点是允许重码并具有容错能力,其词组输入方式也属于早期开创性工作,因而在国家标准局组织的全国第一届汉字输入方案评测会上被评为A类方案,并在同年获得上海市科技进步一等奖。为奖励在推动我国中文信息处理科学技术进步工作中做出突出贡献的项目和个人,2005年中国中文信息学会专门设立"钱伟长中文信息处理科学技术奖",并获得中华人民共和国科学技术部正式批准。

---

① 钱伟长:《振兴中华,汉字大有可为》,《钱伟长文集(下卷)》,上海大学出版社2013年版,第836页。
② 钱伟长:《振兴中华,汉字大有可为》,《钱伟长文集(下卷)》,上海大学出版社2013年版,第837页。
③ 钱伟长,曹家麟,冯麟孙,邹皓:《汉字宏观字形编码(钱码)》,载《中文信息处理国际会议(北京)论文集》1987年。

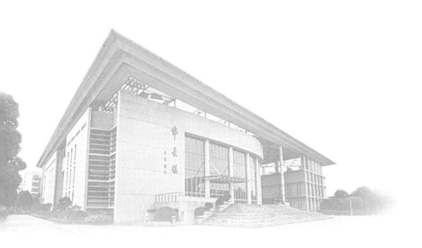

第六章　钱伟长爱国主义教育思想现实思考

我们在前面的章节中对钱伟长爱国主义教育思想的相关内涵进行了初步的探讨,目的是为了在新的历史时期,总结和学习钱伟长爱国主义教育思想的优秀之处,把弘扬和培育作为中华民族精神核心的爱国主义这一目标真正落到实处,并且在科学认识的基础之上建构关乎民族命运和国家未来的爱国主义政治教育体系,使爱国主义思想从个性走向共性,从理论走向实践,为中华民族的伟大复兴贡献力量。

第一节　创新爱国主义思想教育机制

卡尔·雅斯贝尔斯(Karl Jaspers)曾高度评价制度的必要性,他说:"倘若没有一种制度存在,单个学者的学术生命和学术工作就有付诸东流的危险。学者的学术生命和学术工作应该成为由制度条文来保护的传统的一部分,以便于后来人可以从他们身上受益……不管大学的制度有什么缺陷,它毕竟是理念得以实现的场所。"[①]制度同样是钱伟长爱国主义教

---

① [德]卡尔·雅斯贝尔斯著,邱立波译:《大学之理念》,上海人民出版社2007年版,第114—115页。

育思想实现的"场所"。

一、在指导思想上既兼容传统,又与时俱进

任何国家的爱国主义思想都产生于一定历史条件之下,存在于一定时空环境之中,受特定时代及条件的限制。"中国现时的新政治新经济是从古代的旧政治旧经济发展而来的,中国现时的新文化也是从古代的旧文化发展而来,因此,我们必须尊重自己的历史,决不能割断历史"[1],毛泽东运用历史唯物主义的基本原理明确指出,对于中国历史上的文化,"从孔夫子到孙中山,我们应当给以总结,承继这一份珍贵的遗产"[2],这个重要思想为我们继承中华民族的优秀文化传统提供了科学的方法论原则。

> 中华民族历来重视道德教育,有着五千年历史的中国传统文化、传统道德,是一个丰富的宝藏,历史上有数不清的生动楷模。在近代争取民族独立、人民解放和国家富强的斗争历史中,我们的先辈们又大大丰富了中华民族的优秀传统文化和道德。认真研究和继承那些在我国长期历史发展中形成的优良文化和道德传统,同当前建设社会主义新生活的实践相结合,赋予其适应时代要求的形式和内容,完善有中国特色的社会主义德育体系,是我们必须担负的历史使命,必须抓紧做好此项工作。[3]

钱伟长非常重视历史传统和文化遗产教育的这种教化功能,强调其对于培养国民爱国主义思想至关重要,极力主张教育者要引导青年学生从中国传统文化中去寻找爱国主义知识,从而激发他们的爱国热情和献

---

[1]《毛泽东选集:第2卷》,人民出版社1991年版,第522页。
[2]《毛泽东选集:第2卷》,人民出版社1991年版,第522页。
[3] 钱伟长:《论教育》,上海大学出版社2006年版,第24—25页。

身祖国的使命感。钱伟长用历史上大量科学发明和创造的事实写成《中国历史上的科学发明》一书,言道:

> 要让这些文化遗产的精华得到发扬光大。要结合时代精神,用中华民族的传统美德和光荣革命传统来教育青少年一代,培养他们爱国主义的思想感情和责任感,使他们成为一代奋发向上的、高素质的建设者。①

为此,他在该书修订版"绪言"中明确指出修订出版此书的目的就在于"鼓动我国青年在改革开放进行宏伟的现代化建设中,应该发扬自尊自信的爱国主义精神"。

钱伟长还撰文指出,"我们祖国有着丰富的历史遗产,有着光辉无比的科学创造"②,尤其是中国古代的四大发明,对世界人类文明的发展做出了重大贡献。无可辩驳的事实"无疑证明了中华民族是世界上最优秀的民族之一"③。特别是中国古代涌现出的优秀文学作品和杰出的文人贤者,他们所体现出来的为国家、民族前途而牺牲个人利益的高尚情操,都是爱国主义教育的鲜活教材。

民族精神是历史的,也是不断发展的。它只有与时代精神结合起来,不断发展,才能为时代的进步与发展、民族的繁荣与富强提供精神支柱。正如黑格尔所说,每一个个人都是他自己民族的儿子,同时也是他自己时代的儿子。很显然,如果脱离时代特征来谈论钱伟长的爱国主义思想,那么就会失去实际意义,也失去针对性。

---

① 钱伟长:《谈教师的职责》,《钱伟长文集(下卷)》,上海大学出版社2013年版,第1117页。
② 钱伟长:《中国古代的科学创造》,《钱伟长文集(上卷)》,上海大学出版社2013年版,第28页。
③ 钱伟长:《中国古代的三大发明》,《钱伟长文集(上卷)》,上海大学出版社2013年版,第42页。

钱伟长前半生所处的时代国势险危,民族多难,因此他的爱国主义思想的焦点必然集中在救国强国上,他的所作所为充分体现了一个爱国青年献身祖国、救亡图存的壮怀,也展现出他可贵的毅力和杰出的聪明才智。因此,尽管明知在当时的国民党统治下,回来不会有什么好出路,又尽管在国外获得了好的工作条件,过着优裕的生活,但抗战一胜利,他仍是毫不犹豫地回国。因为他深知自己出国留学并非是为了拿一张绿卡,当"假洋鬼子"。他时刻牢记当年出国时伙伴的誓言——"凡是我们每人出去所学的那门学科,回国后国家就再不用派人去学习了。……留学是为了将来无须再留学"①。他不相信落后的中国不能改变,他说:"我们不改变它,谁改变它呢?"

即使在历经磨难后的晚年时光里,钱伟长仍然胸怀祖国,志在报效,他的理念是"国家至上"、凡事以国家利益为前提,"以国家之乐利,人民之幸福为旨归,个人利益不计焉"②。因此他一方面争分夺秒地为祖国建设做贡献,同时为祖国培育更多的人才;另一方面,他既奔走呼吁改善青年人的工作生活条件,又谆谆教育他们,一定要以国事为重,把个人得失和暂时困难抛在一边。

一个人生存的价值和信念,就在于祖国的振兴和腾飞,而这也正是钱伟长自强不息、斗志旺盛,历劫不磨、老而弥坚的根本原因。

可见,继承优良传统文化是弘扬和培育爱国主义思想的必然要求,任何人都不能割断历史,抛弃传统。坚持兼容传统和与时俱进,就是要把中华民族的优良传统文化同这些体现时代要求的新观念相融合,培育出适应当今时代特点的爱国主义思想。

二、在教育机制上既融会贯通,又循序渐进

纵观经济发达国家的发展史,各国毫无例外都把爱国主义作为国民

---

① 钱伟长:《关于中国留学生的一点历史反思》,《钱伟长文集(下卷)》,上海大学出版社2013年版,第728页。
② 曾业英:《蔡松坡集》,人民出版社1984年版,第457页。

教育的基本内容普及到国民教育的各个环节,通过系统丰富的民族精神教育内容,增强民族的认同感和归属感,强化民族意识、国家意识和公民意识。而现在有不少人对于我们的国家和民族过去饱经忧患的历史,争取独立和解放的斗争历史,不了解,不熟悉,因此必须向人们特别是青少年加强国情教育,加强爱国主义、社会主义教育①,让青少年在启蒙时期就能了解中国的优秀传统历史文化,了解中国几千年的奋斗历程和光辉成果,从小培养爱国情怀。

钱伟长在很多场合都提到,要根据不同年龄段的国民的身心特点,构建具有层次性、逐渐递进的国民教育体系。通过多种教育形式和多种教育手段,使爱国主义教育活动全面、深入、持续地开展下去,在生动性、震撼力、见成效方面下功夫,使国民,特别是青少年儿童在不同的学习阶段,通过对爱国主义思想的不断认知、修养和实践而真正有所收获、有所进步,循序渐进地将伟大的民族精神熔铸到心灵深处。他特别强调:

> 对青年学生进行爱国主义教育的极好途径是在学校里开设好中国历史、地理课程。我们对国家具体内涵的认识,往往是通过对国家民族的历史和地理知识的了解而获得的。历史和地理课程,不能仅仅作为一门传授知识的课程,而忽视这些课程在国民教育中所具有的基础性和重要性意义。现在的应试教育体制以及在理工农医类专业的招生考试中不考中国历史和地理的做法,使得中学教学极不重视这两门课程,影响了爱国主义教育,以致使爱国主义教育脱离实际,空洞乏力。应该通过中国历史和地理的教育,使爱国主义精神深入青年学生的思想之中,并成为指导他们行为的内在力量。②

---

① 中共中央宣传部:《毛泽东邓小平江泽民论弘扬和培育民族精神》,学习出版社2003年版,第280页。
② 钱伟长:《解放思想 实事求是 切实解决教育发展中的几个紧迫问题》,《钱伟长文集(上卷)》,上海大学出版社2013年版,第699页。

此外还可以通过历史上众多的贤者事迹,用生动形象的"案例"来感染青年学生,这对培养其爱国家、爱民族的情感具有重要的意义。钱伟长本人自小就在钱穆等大师的影响下,熟读诗书,对历史典故信手拈来。他说,"我的二十四史是能背的",当年清华历史系知名学者陈寅恪的"怪题"之所以没有难住他,就得益于他对历史的博闻强记。他十分欣赏范仲淹"先天下之忧而忧,后天下之乐而乐"那句名言,并且力主将之纳入上海大学的校训之中,以教育每一个上海大学学子。

作为上海大学校长,钱伟长认为,中国文化史不仅是文学院学生必学的基础课程,也是全校文科学生的必修课程,而且还向理工科的学生开放选修。2003年春,91岁高龄的钱伟长亲自邀集上海大学中文系教师商谈编撰《中国文化读本》一事。书成付梓之际,钱伟长又亲自作序道:

> 发展现代先进科技与弘扬传统优秀文化,实乃中华腾飞之双翼。先进科技必须认真引进,传统文化亦绝不可弃。我中华古国有五千年绵亘悠远之文明,文化宝藏之富厚贵重堪称举世无双。历代先人在哲学、史学、文学、艺术及道德伦理、育人修身、处世智慧诸方面的种种创造,不仅光耀史册,而且沾溉万世;不仅有助于塑造崇高纯洁之人格,而且确能转化为现代化建设之推动力。对于这份丰厚遗产,我们应当妥善继承,发扬光大,绝不可轻视冷落,而贻无知不肖之讥。我上海大学师生,文科者自需负起加强研究和弘扬传统文化之责,即使理工科师生,也应以一定时间涵泳学习,俾能提高文化素质,养成品位高尚、发展全面之社会栋梁。[1]

---

[1] 钱伟长:《中国文化读本》,上海大学出版社2007年版,序。

第二节 拓宽爱国主义思想教育路径

在建构爱国主义思想教育体系过程中,必须克服以往客观存在的国民教育各个教育环节各自为政、完全脱节的状况,有机地整合各种教育资源,加强各个环节的衔接,充分发挥其间的有机联系,同时最大限度地发挥学校教育、家庭教育和社会教育的不同作用,齐抓共管,共同保证目标得以实现,使爱国主义思想教育成为国民的终身教育,从而形成全方位、多层次的民族精神培养体系,并逐步使民族精神教育制度化、规范化。

一、发挥学校教育的主渠道作用

学校是培育和弘扬民族精神的主阵地,肩负着立德树人的总任务,各门课程的目标导向都是"为国育人,为党育才",要"培养富有民族自信心和爱国主义精神的社会主义事业建设者和接班人"。青年学生是祖国的未来和民族的希望,他们的思想政治素质和精神状况直接关系到中国特色社会主义事业的兴衰成败。

当前,大多数学生特别是青少年学生政治坚定、思想进步、道德高尚,但在极少数学生中间依然存在着对马克思主义的信仰问题、对社会主义的信念问题、对改革开放的信心问题,以及对党和政府的信任问题,这使得他们表现出萎靡、消沉、漠然的精神状态。为此,必须重视这些负面因素的影响。

然而,我们的教育方式还是以传统的灌输式教育为主。一位西方文学家曾说,对思想强施影响,无异于用阳光去覆盖影子,不管你怎么努力,它总会浮在上面。同样,钱伟长明确反对各个学科的教师,特别是思想政治教育的教师搞照本宣科的教学。他说:"一个教师没有自己的东西,照本宣科地念一通的话,还不如请个播音员来念念。"[1]

---

[1] 钱伟长《论教育》,上海大学出版社2006年版,第151页。

(一)为人师表,教者垂范

"十年育树,百年育人"。教师是人类灵魂的工程师。教师良好的师德和人格形象是学生的学习榜样和人格示范。师德的高下,将对一代甚至几代人才的成长产生直接的影响。教师队伍的整体素质是国家综合实力之所系,全民族素质之所系。

要加强师德建设,树立"师德兴则教育兴,教育兴则民族兴"的观念,打造合格的教师队伍,使他们不但具有科学的人生观、世界观、价值观,为祖国高等教育事业无私奉献的敬业精神,良好的职业道德和健康的心理素质,还要努力拥有新思想、新观念及具有时代特点的先进的道德意识。邓小平指出:"一个学校能不能为社会主义培养合格人才,培养德智体全面发展、有社会主义觉悟的有文化的劳动者,关键在教师。"[①]

教师的教学除了是知识的传递过程,还必须包含对学生人生观、世界观的熏陶,对学生道德品格的引导和对学生精神生活的"介入"。正如德国心理学家约翰·菲力特力赫·赫尔巴特(Johann Friedrich Herbart)所说,"我想不到有任何'无教学的教育',正如在相反方面,我不承认有任何'无教育的教学'","教学如果没有进行道德教育,只是一种没有目的的手段,道德教育如果没有进行教学,就是一种失去了手段的目的"[②]。也就是说,实现教育目的与传授文化知识应当看作同一个过程。

钱伟长在担任原上海工业大学校长时,就认识到用教师集体的力量来培养学生,是一条重要的学生工作之道。他提出了让教师参加学生的思想教育工作的方法。他说:

> 教育一个青年,不只是我们教师有责任,更不能认为学生工作是学生工作部的事。培养学生是我们共同的责任,学生工作部只是起

[①]《邓小平文选:第2卷》,人民出版社1993年版,第108页。
[②][德]约翰·菲力特力赫·赫尔巴特:《普通教育学:绪论》,载张焕庭:《西方资产阶级教育论著选》,人民教育出版社1979年版,第267页。

了一个组织、推动的作用。教师在讲台上、在与学生谈话之中都对学生起着教育作用。①

这个教育方式与苏联教育家安东·谢妙诺维奇·马卡连柯(Anton Semiohovich Makarenko)建立的集体主义教育理论②竟然不谋而合。钱伟长尖锐地批评以往做思想政治教育工作的那种僵化模式有个"大问题",指出:

> 过去我们把学生工作都交给学生工作办、团委、政治辅导员,这些人要,这些人是组织者,而真正做工作应该是以教师为主,要创造良好的校风,教师一定要以身作则……为什么教师容易在学生中起作用,因为站在讲台上就在教育,你用不着讲很多话。教师应该注意自己的形象,要为人师表……要把一种团结,一种进取,一种朝气的精神面貌建立起来。③

目的就是"希望将来我们学校的毕业生永远记得这四年中学校对他们的教育"④。一个最恰当的比喻就是,"学校犹水也,师生犹鱼也,其行动犹游泳也,大鱼前导,小鱼尾随,是从游也,其濡染观摩之效,自不求而至,不为而成"⑤。

钱伟长以自身的道德力量对教师提出了道义上的要求,让教师明白

---

① 钱伟长:《培养跨世纪的一代新人》,《钱伟长文集(下卷)》,上海大学出版社2013年版,第1136页。
② 马卡连柯的集体教育原理概括地说就是:在集体中,通过集体和为了集体进行教育。他提出首先应该把集体作为"教育对象",然后又把集体作为"个人的教师",用集体的力量教育人、培养人,改造人的思想。
③ 钱伟长:《教育改革的五年目标》,《钱伟长文集(下卷)》,上海大学出版社2013年版,第1051—1052页。
④ 钱伟长:《教育改革的五年目标》,《钱伟长文集(下卷)》,上海大学出版社2013年版,第1052页。
⑤ 刘述礼、黄延复:《梅贻琦教育论著选》,人民教育出版社1993年版,第102页。

自己对学生的道德成长负有道义上的责任。就像美国密西根大学前校长詹姆斯·约翰逊·杜德斯达(James Johnson Duderstadt)指出的,"我们更应该理解,对绝大多数的教师来说,在大学工作不仅仅是一个职业,更是一种神圣的召唤,召唤他们为学术与教学奉献爱"①。

(二) 建构体系,整体联动

学校教育要在具体落实爱国主义教育总目标过程中,根据大、中、小学各学段的差异性和阶段性规律,分阶段、有层次、有侧重地设置具体目标。要把爱国主义思想教育贯穿到各级各类学校,贯穿到从幼儿园到大学教育以及继续教育的全过程;要有意识地将爱国主义思想教育体现于各学科的课堂教学中,发挥课堂的主渠道作用;要重视日常的养成教育,发挥课外活动、校园文化、社会实践等教育形式的潜移默化的隐性熏陶作用。

纵观中国古代的德育史,秉承"先蒙后经、先行后理、先习其所当然,后习其所以然的教学规律"②。"古者初年入小学",其道德教育是日常伦理的基础性教育,通常以礼仪规范为主。朱子所说的也就是古人的幼学启蒙阶段。

钱伟长指出:

> 义务教育是国民教育的一个重要组成部分,严格地说,义务教育阶段不应该有重点学校,义务教育是培养合格的公民,而不是培养天才。要使我们的小孩儿都受到合格的公民教育,有个平等的原则在里面。在义务教育阶段,我们的孩子接受教育应该是平等的……我们社会主义社会里人与人之间是平等的,不应有高人一等的感觉……要研究一下非重点学校的问题,它的现状如何、危害有多大等等。③

---

① [美]詹姆斯·杜德斯达著,刘彤译:《21世纪的大学》,北京大学出版社2005年版,第9页。
② 肖群忠:《伦理与传统》,人民出版社2006年版,第340页。
③ 钱伟长:《论教育》,上海大学出版社2006年版,第29页。

当进入中学阶段后,则应"教给学生当公民所必需的知识,如历史、地理。当然,也灌输一些世界观的东西。这中间,老师起着模范作用。中学老师常常影响学生一辈子"①,钱伟长说:"中学老师对我的影响最大。世界观、人生观基本上是在中学老师的影响下开始形成的。我认为中学教师应该充分认识到自己在这方面的地位和作用"②。他归结起来道:

> 小学老师培养学生一些习惯,培养学生的独立性和自尊心,而中学老师是培养小孩的人生观的,老师一举一动都对学生有很大的影响,比大学老师的影响还深,因为大学老师主要是教知识的……知识是要学的,但只是一个方面,更重要的是品德教育,而品德教育更重要的是要在中小学完成的。③

而到成人阶段,古代先辈们则以"大人之学"为目标,目的是培养"修身齐家治国平天下"的"君子"。在现代的大学教育阶段,倡导博雅教育、心性修养和君子人格培育,等等,均可以从不同维度切入爱国主义教育主题。

总体而言,当前新时代背景下,大中小学一体化的思想政治理论课教学体系建构,可以与各学科专业课一起,"同向同行",使得思政课程与课程思政逐步融合,打造"从平面的课程体系向立体的教学体系转化,从单维的知识理性向深层的价值精神延伸,从显性教育向隐性教育拓展"④的协同育人局面,从而实现"立德树人"总目标。例如把爱国主义思想的价值理念、理论观点、精神内涵等各组成元素融入各学科课程中,在课程设

---

① 钱伟长:《谈谈研究生的培养和学习问题》,《钱伟长文集(上卷)》,上海大学出版社2013年版,第422页。
② 钱伟长:《谈谈研究生的培养和学习问题》,《钱伟长文集(上卷)》,上海大学出版社2013年版,第422页。
③ 钱伟长:《论教育》,上海大学出版社2006年版,第335页。
④ 吴宁宁,孙嘉怡:《新时代高校思政课程与课程思政渠道融合的思路旨归与原则观照》,载《学校党建与思想教育》2022年第22期。

计上挖掘爱国主义教育的有效资源。把爱国主义思想内容融入教学,统一学科知识传授和价值塑造功能,丰富不同学科的课程结构。在这方面,钱伟长做出过很好的典范示例,他曾以物理教学为例,将物理教学如何与爱国主义教育相结合作了具体的说明。可见,非思想政治理论课的其他学科,均可以在教材编写和教学过程中融入爱国主义教育内容,通过结合我国的历史,将我们先辈创造的丰富成果编入其中,让学生了解我们的灿烂文化,以加强学生的民族自尊心与自豪感。

(三) 大爱无言,于细微处

钱伟长作为大学校长和杰出的知识分子,以自身的道德力量影响于治校和做学问之中,实现了对师生做事、做人态度的陶冶。"作为知识分子精神领袖,大学校长'除了有纯理性的思考外,还要有对社会状况更直接的关心,对社会和现实人生有一种道德的承担,有政治和文化批判的职责'。大学校长除非自己有深沉的爱国主义精神和坚持真理、追求科学、关心人类的高尚品德,否则就不能要求和影响师生有高尚的品德。"[①]如果说上述提到的一些方式方法可以称之为"显性"途径的话,那么,这一点无疑就属于"隐性"途径了。

钱伟长用浓厚的道德力量影响了整个上海大学的师生。正如英国19世纪著名的教育家托马斯·亨利·赫胥黎(Thomas Henry Huxley)所说:

> 在我所设想的理想的大学中,一个人应该能得到各种知识的教育,并在运用所有的获得知识的方法上得到训练。在这样的一所大学中,活生生的榜样力量将鼓舞学生树立崇高的志向,在学问上努力赶超前辈的学者,并沿着开辟知识新领域的探索者的足迹前进。他们所呼吸的空气将充满着对真理的热爱和对诚实的激情,因为这是

---

① 眭依凡:《大学校长的教育理念与治校》,人民教育出版社2001年版,第33页。

比学问更珍贵的财产,比获得知识的能力更高尚的素质。①

凡是上海大学的学子,都知道"校长只有一个'孩子',那就是——上海大学"。平凡的话语背后包含的却是钱伟长对学生的无比深厚的"爱"。除了在学业上、生活上关心他的"唯一孩子",即便是在开学和毕业典礼这些在大多数人眼中无非是例行公事或者干脆溜之大吉的场合,钱伟长每年必定参加,一直到他的身体状况不允许他久坐为止。

按照组织学和领导学的相关理论,领导者在组织运作各种仪式活动中如果自觉参与,会给组织带来一种精神上的引导和行动上的激励。通过各种仪式,组织慢慢地就会形成特定的文化和信念。

对大学生来说,开学和毕业典礼是其求学过程中的重要时刻,校长的行为会对他们产生很微妙的影响。通过这些仪式活动,学生们会感受到自己在学校的地位和受重视程度,长久以往,也必定会影响他们对母校的看法和忠诚感。因此,在西方大学尤其那些著名学府如英国牛津和剑桥等,学位授予日里,校长必定会亲自逐个为学子们颁发学位证书,若一天完不成,次日续颁,直至为每个毕业生颁发完毕。毕业典礼已成为体现西方大学特有文化的重要方式之一。

如此就不难理解耄耋高龄的钱伟长为何还要坚持参加毕业典礼了。与此形成强烈对比的是,部分高校出现了这样一种现象——从进校到离校,还有大学生没见过校长。这种现象难道不值得我们深思么?

二、协调"三驾马车"的和谐运行

1995年,钱伟长在全国政协第八届常委会第九次会议上,提出一个紧迫问题:要切实加强德育工作,尤其是把德育延伸到除了学校以外的社会

---

① [英]托马斯·亨利·赫胥黎著,单中惠等译:《科学与教育》,人民教育出版社2005年版,第141页。

和家庭的"大德育"思想。他认为:

> 影响一个青年的方面还有很多,主要有两个方面,一是社会,二是家庭,都在影响着每个青年①。
>
> 青少年思想品德在形成过程中所受到的影响,具有广泛的社会性,加强对他们的教育,必须发动全社会的力量②。

这个由"学校、家庭和社会"所组成的教育体系,笔者称之为"三驾马车"教育体系。学校教育、社会教育和家庭教育等任何一种教育方式所能发挥的作用与取得的成效都具有"有限定向性",不可能互相取代。只有当三种教育方式协同起来共同发挥作用时,才可能在高度整合的状态下取得良好的教育效果,也才能够产生某种单独教育方式所无法企及的效果。在此大教育体系之下,学校教育、社会教育和家庭教育三者各司其职、各美其美,才能最终"美美与共"。或许我们也可以把它称为"协同作战式"大教育范式。

(一)提升家庭教育"温度"

现代教育学认为,家庭教育是学校教育的基础。在家庭内进行以爱国主义为核心的民族精神教育有其独特的优势,是学校教育所无法达到的,对年轻一代的成长影响极大。教育社会学普遍认为,家庭是"一个具有'面对面'交往特点的初级群体(primary groups)"③。家庭群体对人施加的影响是极为广泛而有效的,它"不仅是调节(加强或减弱)社会对个人影响的'传导体',而且也是个人实现对社会'输出'、个人实现他的理想的舞台"④。

---

① 钱伟长:《教育和教学问题的思考》,上海大学出版社2000年版,第323页。
② 钱伟长:《解放思想 实事求是 切实解决教育发展中的几个紧迫问题》,《钱伟长文集(下卷)》,上海大学出版社2013年版,第1073页。
③ 鲁洁等:《教育社会学》,人民教育出版社1990年版,第457页。
④ [苏]彼得罗夫斯基:《集体中的社会心理学》,人民教育出版社1984年版,第49页。转引自鲁洁等:《教育社会学》,人民教育出版社1990年版,第458页。

在家庭中,家庭成员的道德观念、价值观念、精神境界、理想追求都潜移默化地影响着一个人,从而使人的道德品行、人生观、世界观无不打上家庭的烙印。这种基于家庭成员之间的亲和力而产生的最初的、最清晰的、最持久的影响,能够使民族精神自然而有效地保持其延续性,有利于强化学校教育中民族精神教育的效果。

家长是影响家庭教育的主要因素。家庭教育中进行民族精神教育的成效如何,主要取决于家长自身素质的高低,这就需要父母在主动运用"言传"教育向子女传递民族文化的精华的同时,尤其重视自身榜样作用对子女的影响。为此,有必要强化家长的思想教育意识,引导家长树立正确的价值观念,明确家庭教育所承担的教育职责,拓宽自身的文化知识,在家庭环境和家庭活动中融入民族精神教育,用优秀传统文化的厚度提升家庭教育的温度。在此意义上,学校教育可以通过和家长们相互协调沟通,让家长在家庭教育中进行"自律"模式教育,这样容易被子女所接受,才能适应现代社会的需要。

钱伟长指出:

> 我们知道所有的家庭都希望学生——他们的子女能够成为对国家社会有用的人,有能力的人。我们应该与家长加强联系,请他们共同来做教育工作。过去我们很简单地认为:跟家长联系是小学教育的责任,读中学就基本上不联系了,现在我看不行,我们应该跟家长联合,共同教育青年,因为家长的影响还是相当大的。我们应该相信,父母本身很有责任感,他们希望子女成为对社会有用的人,相信我们的学校是重视人的教育的,所以把他们的子女送来。我们要与他们联系。①

---

① 钱伟长:《培养跨世纪的一代新人》,《钱伟长文集(下卷)》,上海大学出版社2013年版,第1136页。

因而他提出,大学生也要"搞家访工作"。

> 团结家庭、社会各方面来教育青年一代,这是一个巨大的力量。我们做工作,他们会同情我们的,也会支持、帮助我们,应该相信这一点。在党的教育下,全社会的进步是很快的,只要我们以身作则去做,也会影响家长,共同做好学生的教育工作。①

家风家训的熏陶训导对家庭教育的环境营造不可或缺。从内容来看,我们可以发现,所谓"家风",一般是指家庭里传承数代甚至数十代的某种道德风尚和生活传统,其对本家庭甚至家族的子弟都具有熏染浸润、沾溉滋养的教育意义。而家训,狭义理解就是"记载一个家庭或家族内部长辈对晚辈的训示及教诫,或者一个家族内部的有关家规及族规等的文字载体"②。而广义的家训则应该是不局限于齐家治家的家庭训诫范围,而是立足家庭(家族)胸怀天下(即国家社会),广泛传播于世,为社会教化所用以至于被世人所铭记。中华文化博大精深,名人家训版本繁多。我们可就钱伟长所在的钱氏家族传承千年的《钱氏家训》,来理解上述观点。

为此,如何挖掘传统家风家训进行创造性转化,不失为构建新时代家风家训模式,践行民族精神教育的有效路径。通过生活知识传递和生活实际过程中良好的家风家训的熏陶,以此涵育高尚的生活方式和人格品德,从而实现以个体文明教养的提升来带动社会文明程度的提高。

(二)强化社会教育"效度"

学校教育离不开社会大环境。包含政府、单位、团体、个人等在内的整个社会都是这个大环境的教育实施主体。

---

① 钱伟长:《培养跨世纪的一代新人》,《钱伟长文集(下卷)》,上海大学出版社2013年版,第1136页。
② 班高杰:《传统启蒙教育中的道德养成与价值观建构研究》,上海三联书店2020年版,第80页。

社会教育是一种有目的、有计划、有组织的教育方式。社会教育具有特有的教育途径,其本质在于通过特定信息的传播和传递,使人的思想行为符合社会要求和传统规范。其出发点和落脚点也可以说是"社会使我们脱离了我们自身,迫使我们考虑到我们自身以外的其他利益,是社会教会我们驾驭我们的激情和本能,为它们制定法则"①。为此,应当在规范实施主体教育行为上下真功夫,遵循社会教育规律,完善其信息传播机制、公共服务机制、建设管理机制和教育协同机制。

可见,民族精神教育需要全社会各方面都来关心和支持,形成学校教育和社会教育相互结合、相互支撑的合力。事实上,社会教育也是学校教育的补充与延伸。因此,其一,要善于抓住机遇,以社会"热点"为契机,形成弘扬和培育爱国主义思想的热潮。例如对于香港和澳门回归、申奥成功、"神舟"五号成功发射以及七一、十一等等重大时节,突发性和意外性的社会事件(如四川汶川大地震等),要善于掌握和利用,加以正确引导,往往更能激发人们的爱国之情、报国之志。其二,社会舆论和大众传媒等要积极为弘扬和培育爱国主义思想营造浓郁氛围,即优化精神环境。只有从根本上使社会风气好起来,才能使弘扬和培育爱国主义思想面对的社会精神环境更加和谐和稳定。其三,各项经济政策和社会政策特别是法制建设,都要提供有力保障,即优化社会环境。

第三节　丰富爱国主义思想教育内容

钱伟长多次撰文指出:

> 爱国主义教育是一切教育工作的前提,贯彻爱国(主义)教育是

---

① [法]涂尔干(Émile Durkheim)著,梁敬东译:《涂尔干文集·第9卷》,商务印书馆2020年版,第365页。

目前教学工作的中心任务。①

在弘扬中华民族的优良传统道德中,加强爱国主义教育是必不可少的内容。爱国主义除了历史的内容外,还包括丰富的现实内容,即实行改革开放,建设有中国特色的社会主义,为国家强盛和富裕而奋斗的丰富实践,已可以成为全国各族人民团结奋斗的动力和凝聚力量……我们应该把爱国主义教育作为一条主线,贯穿于德育工作的始终。②

钱伟长把能否培养具有爱国主义精神的人才看作是关乎我国教育成败的重要标志。

回顾40年来我国教育事业的历程,我们认为重要的问题是,没有明确把培养做社会主义国家的合格公民、提高全民族素质作为教育的根本目的。多年来在教育方针上出现过多种提法,至今还没有明确的定论。教育工作首先应该培养怎样做人和怎样做一个好公民,要让学生懂得和遵守社会主义公民的行为准则。但是,由于长期以来受"以阶级斗争为纲"的错误思想的干扰,加上十年动乱的破坏,教育的根本目的被忽视,结果不少青年学生连做人的最基本要求都不知道。发展到今天不少人只知道追求金钱和享受,缺乏思想和信念,爱国主义和集体主义精神淡漠,民族自信心和自豪感丧失。有些人甚至失去起码的公民品德,各种不良现象和犯罪行为大量存在。这种趋势如果任其发展,必然会导致民族素质下降。③

---

① 钱伟长:《物理教学与爱国主义教育的结合》,《钱伟长文集(上卷)》,上海大学出版社2013年版,第43页。
② 钱伟长:《解放思想 实事求是 切实解决教育发展中的几个紧迫问题》,《钱伟长文集(下卷)》,上海大学出版社2013年版,第1072页。
③ 钱伟长:《振兴教育 刻不容缓》,《钱伟长文集(下卷)》,上海大学出版社2013年版,第831页。

为此,当前的思想政治教育亟须有针对性地丰富内容,提高成效。

一、构建国家意识教育体系

钱伟长提出:

> 我们所办的教育,不能不首先考虑到对公民的培养,不能只注意"专才"的培训。我们应该让每个公民认识自己的国家,认识自己民族的传统,要让每个公民具有一个公民应该具有的修养和知识。①

国家意识教育正是要引导国民,特别是青少年学生认识到个人的命运是与自己国家的前途和命运紧密联系在一起的,自己是"在整个存在有生死攸关意义的层次上与国家发生关系,国家组织深入到人的人身存在和他的存在形式"②,从而培养起对国家的认同和忠诚。在国家意识教育过程中,要把国家观念、国情意识、国家安全和国家自强作为重点内容。这四项内容是一个统一的整体,各自代表国家意识的四个方面,同时又相互联系,共同促成国家意识的形成和强化。

其中,首要的是进行国情意识教育,就是要帮助国民系统地了解我国经济、政治、文化、社会、人口、资源等方面的历史与现状;传承知我中华、爱我中华的优良传统;认识我国正处于并将长期处于社会主义初级阶段;了解我国全面建设小康社会的目标、步骤和宏伟前景,看到我国在发展中的优势和不足,进一步增强历史使命感和社会责任感。江泽民曾强调:"加强教育,我想特别提出国情教育的问题……不了解中国的历史和现状,因

---

① 钱伟长:《中、小学教育的目标是对公民进行"通识"教育》,《钱伟长文集(上卷)》,上海大学出版社2013年版,第664页。
② [德]李斯特(Freidrich Liszt)著,陈万煦译:《政治经济学的国民体系》,商务印书馆1961版,第109—110页。

此也就不可能了解改革的艰巨性、长期性和复杂性。"[1] 钱伟长认为：

> 对大学生进行国情教育很重要……中国的问题是人生观的问题，不仅仅是世界观问题。人生观不仅仅是革命的人生观，还是做人的人生观。我们的学生首先要学会做人，做一个正直的人，一个有学问的人，一个对社会有贡献的人。现在在高等学校的学生，不管他们学得怎么样，都是国家的接班人，都是21世纪的建设者。对他们培养得如何，是件大事。要搞好德育，必须发动全体教师来做德育工作，单靠几个辅导员是解决不了问题的。学生思想政治工作是学校的一件大事，我历来强调要重视和加强学生思想政治工作，我们学校虽然做了一些工作，但离要求还有距离，今后要继续努力把学生的思想政治工作做好。[2]

此外，还要加强国家观念、国家安全和国家自强教育。引导国民形成对祖国和民族的正确认识，形成维护国家安全的观念，充分认同我国和平发展的自强之路，充分认识党的社会主义初级阶段基本路线的重大意义，努力参与和谐社会的建设，把个人的进步成才同中国特色社会主义事业、同祖国的繁荣富强紧密联系在一起，为担负起建设祖国的光荣使命作好准备。国家观念的树立、国情意识的掌握以及国家安全的维护，最终的指向都是为了国家的繁荣和发展，为了树立为国奉献、报效祖国的理想信念。

二、培养现代公民人格意识

钱伟长的文集中，不少地方都闪烁着鲜明的公民教育思想。他一再

---

[1] 中共中央宣传部：《毛泽东邓小平江泽民论社会主义道德建设》，学习出版社2001年版，第194—195页。
[2] 钱伟长：《加强和改进"两课"教育的问题》，《钱伟长文集（下卷）》，上海大学出版社2013年版，第1022—1023页。

第六章 钱伟长爱国主义教育思想现实思考

强调:国民教育的目的是为了培养合格的公民,"要培养有道德、有修养、能负责的公民,其次才是一个专门家"①。他多次呼吁:

> 把提高全民族素质、为社会主义祖国造就合格公民,确定为教育的根本目的。
>
> 教育工作首先应该培养怎样做人和怎样做一个好公民,要让学生懂得和遵守社会主义公民的行为准则。②

"教育者,养成人格之事业也"③,"国民而无健全人格,欲国家之隆盛,非但不可得,且有衰亡之虑焉……欲符爱国之名称,其精神不在提倡革命,而在养成健全人格"④,蔡元培的话今天读来仍然那么发人深省。

在马克思主义看来,人是社会的主体,社会的发展史就是人的发展史,人的发展史归根到底就是个体发展的历史,"而不管他们是否意识到这一点"⑤。弘扬和培育爱国主义思想不仅要使学生树立牢固的国家意识,激发他们对祖国和人民的报效之心;而且要增强学生对悠久传统文化的认同感和热爱之情,引导他们自觉传承中华美德;更要健全学生的现代公民人格。为此,要对他们进行责任、诚信、合作和自强教育。

首先,要对国家和社会有责任心,要有一种"国家兴亡,匹夫有责"的责任感。这种责任感必须建立在对现代法律规定的公民的权利与义务的践行之上,这就需要我们对学生进行社会责任教育,引导学生增强自身作为国家主人的责任意识;了解并自觉履行宪法和法律规定的各项义务,明确自身的权利,学会保护自己的合法权益;自觉承担个人对他人、集体和

---

① 钱伟长:《文、法、管理、经济诸科要重视案例教学》,《钱伟长文集(下卷)》,上海大学出版社2013年版,第1166页。
② 钱伟长:《振兴教育 刻不容缓》,《钱伟长文集(下卷)》,上海大学出版社2013年版,第831—832页。
③ 《蔡元培全集:第2卷》,中华书局1984年版,第412页。
④ 《蔡元培全集:第2卷》,中华书局1984年版,第7—8页。
⑤ 《马克思恩格斯全集:第2卷》,人民出版社1957年版,第118页。

社会的责任与义务,将社会责任感体现在人生的价值目标和行为方式中。

其次,必须要诚信守法。诚信是现代社会和谐人际关系建立的基本条件,而且诚信的要求也已经逐步融入现代人的经济生活之中。人无诚信不立,这在现代社会有着坚实的经济规则基础;守法是现代公民的基本素质,也是最基本的要求,只有每个人都能自觉地维护法律的权威性,法治社会才能最终实现。因此,在诚信守法教育中要将中华民族传统中的诚信观念与现代市场经济的信用要求结合起来,培养学生以诚待人、严于律己、诚实守信的意识和行为习惯;把法治精神作为现代民族精神教育的重要内容,引导学生形成"法律至上"的态度和意识,自觉学法、知法、守法、用法,增强法治观念。

最后,相互合作才能实现共赢,因此,平等合作观念对于现代公民人格的培养必不可少。平等合作教育就是要引导学生学会尊重他人,友善待人;养成推己及人的处事准则,能够正确处理个人与他人、个人与集体、个人与社会及人与自然的关系;增强团队意识、合作精神,学会宽容,与人和谐相处,在集体、社会的发展中实现个人价值。因此,在平等合作教育过程中要重点挖掘中国文化传统中的"和合"思想,引导学生善于与人合作、尊重他人,自觉将个人价值与他人价值、集体价值结合起来。中国传统道德重个人修身,重气节,以《易经》中"天行健,君子以自强不息"的语句刻画甚为精当。自强不息的民族精神造就中国历史上多少志士仁人,正如鲁迅所感言的:"我们从古以来,就有埋头苦干的人,有拼命硬干的人,有为民请命的人,有舍身求法的人,虽是等于为帝王将相作家谱的所谓'正史',也往往掩不住他们的光辉,这就是中国的脊梁。"[①]

---

① 鲁迅:《且介亭杂文》,《鲁迅选集:第4卷》,人民文学出版社1983年版,第62页。

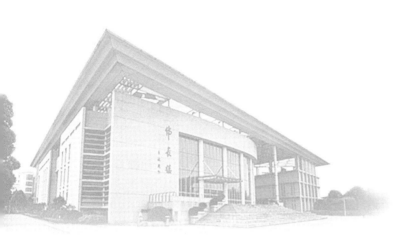

结　语

钱伟长终身从事教育事业，把一生的心血都献给了祖国的教育大业。无论是在清华的教学实践，还是在上海大学（包括前身上海工业大学）的教育实践中，他吸收古今中外先贤的治学、教育理念，融合名师名校的优秀文化，把西方国家先进的教育理念和我国传统的教育理念相结合，逐步形成了独具上海大学特色而又符合科学发展要求的教育思想。正确的思想和举措大大提高了上海大学的学术水平，不仅为国家培养出一大批杰出人才，同时也带领着上海大学迅速崛起，从名不见经传的一个小小地方大学跻身于国内知名学府行列。

由爱国而救国，由救国而教育，这是钱伟长教育思想发展的一条主线。钱伟长教育思想的核心，归根结底就是爱国主义教育思想——这是笔者以稚拙的笔触梳理了钱伟长一生重大经历后得出的结论。于钱伟长而言，具有"健全人格"的人，"首先应该是一个全面的人，是一个爱国者，一个辩证唯物主义者，一个有文化艺术修养、道德品质高尚、心灵美好的人；其次，才是一个拥有学科、专业知识的人，一个未来的工程师、专门家"。他是这么说的，更是这么要求自己凡事以国家利益为前提，以国家之乐利、人民之幸福为旨归，个人利益不计焉，还把这样的育人理念应用到实际教育工作中，辛勤耕耘杏坛六十载，从而使得桃李满天下。

作为一个爱国主义者,钱伟长无论是做什么事情,想什么问题,总是从祖国发展的需要出发,把眼光瞄准着世界科学和科技的最前沿。他善于从历史发展的角度总结国家现代化的经验,不止一次地分析西欧、英国、德国、日本、美国的现代化之路,各自有何特色,费了多少时间,哪方面对我国有所启发,等等。他一直坚持"对发达国家要迎头赶上,而不是尾随追赶"的原则,同时坚持从实际国情出发是探索中国现代化的最优途径。

作为一个教育家,钱伟长办大学,是"取法乎上",目标是通过努力达到世界一流。一方面,他采取种种措施来推动教改,培养人才,并以自己40年的经验来表明,"一个对我们的祖国、民族负有深深的责任感的科学家,必然要考虑社会科学和自然科学的交叉关系领域里的问题"[①]。他认为,"我们知识分子对民族的兴旺是负有责任的,我们的责任是把本职工作做好,尤其是现在。不要只考虑个人的问题,一定要把国家放在第一位,个人放在第二位,否则,我们将愧对国家和民族。只要把国家放在第一位,很多事情也就容易解决了"[②]。另一方面,他极力主张"爱国主义教育是一切教育工作的前提,贯彻爱国主义教育是目前教育工作的中心任务"[③]。

此外,钱伟长对平生师友感情真挚深情,对他们的学术功绩、高风亮节由衷赞美;对同行、后辈谈话坦率真诚、毫无保留;晚年对政治经济事务关切至深,特别是对边远地区发展建言建策体贴细微;对上海工业大学和上海大学规划计议详尽周到……这一切,其牢固的根基就全建筑在"矢志为国,绝无私念"的崇高爱国主义志向之上。

如果说钱伟长生活和工作的时代与年代已经离跨世纪的新一代大学生愈行愈远,钱伟长的经历也是极为独特和个性化的,那么他的强烈

---

① 钱伟长:《交叉科学与科学家的社会责任》,《钱伟长文集(上卷)》,上海大学出版社2013年版,第614页。
② 钱伟长:《谈教书育人》,《钱伟长文集(下卷)》,上海大学出版社2013年版,第737页。
③ 钱伟长:《物理教学与爱国主义教育的结合》,《钱伟长文集(上卷)》,上海大学出版社2013年版,第43页。

的爱国主义精神和教育思想却对当前的思想政治教育有着毋庸置疑的指导意义。

从作为教育主管者的国家层面来说,爱国主义从来就是动员和鼓舞人民团结奋斗的一面旗帜,是各族人民共同的精神支柱,是我们国家几千年发展进步的重要力量源泉。在当前的全球化国际背景下,大力倡导爱国主义精神更是必要的。随着全球化进程的加快,整个世界范围内文化的冲突、观念的碰撞、思想的互渗、价值的并行成为当今文化领域内不以人们意志为转移的客观事实。如何引导人们正确认识社会主义的历史进程,坚定走中国特色社会主义道路的信念;如何增强民族的自尊心、自信心与凝聚力;如何在多元文化、多元价值观的冲突中,增强对民族文化的认同感和归属感;如何在全球化背景下,适时更新爱国主义教育的内容、方式与途径;如何在人类相互依存程度日趋加深的"地球村"时代,处理好世界性与民族性的关系,都是今天的思想政治教育包括爱国主义教育所面临的现实课题。弘扬和培育以爱国主义为核心的民族精神对于搞好国内建设,增强民族凝聚力,不断提高中国在国际社会中的地位,实现中华民族的伟大复兴具有深远的意义。

从作为教育实施者的学校层面来说,当前在思想政治教育体系中弘扬以爱国主义为核心的民族精神要根据学生的身心特点,确定不同阶段的培育目标并选择合适的内容以及方法等,从而构建具有层次性、逐渐递进的教育体系。在各具体学科教学中,要根据不同学科的特点各有侧重地发挥其在思想政治教育中的作用。对于那些承载着丰富而全面的爱国主义教育内容的学科(主要是社会学科和语言文学学科)要改进原有的德育课程;同时利用历史、地理课程中蕴涵的丰富资源,充分发挥自然学科、艺术学科、体育学科以及综合实践活动与校园文化的作用,提高学生的国家意识和民族意识,塑造学生的民族精神与优秀品格,挖掘爱国主义教育内涵。

从作为教育主体的个人层面来说,祖国是人们赖以生存的自然和社会环境的整体,每个人总是在这个环境中实现其个人利益,因而必须确立"以热爱祖国、报效人民为最大光荣,以损害祖国利益、民族尊严为最大耻辱"①的价值取向,在国家、人民利益和个人利益关系的处理上,"树立把国家和人民利益放在首位而又充分尊重公民个人合法利益的社会主义义利观"②,追求两者和谐共生,共同提高和发展。必须做好充分的思想准备,树立民族忧患意识,甘当"拓荒牛",发愤图强、艰苦奋斗,以振兴中华为伟大历史使命,关心国家、关心社会、关心世界,关心中华民族在世界民族之林的发展和前途,并将这种关心转化为发奋学习报效祖国的动力,自觉地与祖国同呼吸共命运,甘愿为祖国的繁荣富强奉献自己的青春。

笔者认为,关于钱伟长爱国主义教育思想在上述三个方面领域的研究延伸,不仅是必要的,而且应作进一步的探讨。此外,古今中外,大凡一个纯粹的爱国者,特别是深具拳拳爱国之心的教育家,除去本人的身先垂范,在其爱国主义教育思想的理论和实践方面更是有无数值得探究之处。且不说亘古的智者先贤,仅钱伟长同时代的中外大师就不胜枚举,诸如张伯苓、苏霍姆林斯基(B. A. Cyxomjnhcknn),等等。在构思本书框架的时候,笔者曾试图选取中外数国有代表性的爱国主义教育大家之教育思想,在本书体系中与钱伟长爱国主义教育思想作一比较研究。然限于篇幅,最终未能达愿,深感遗憾。

作为上海大学的思想理论教育工作者,面对钱伟长博大精深的教育思想,即便是单单论述其爱国主义这一块,还是未能钻研透彻,倍感惭愧。平心而论,以笔者当前的水平,无疑还只是得窥冰山一角。为此,行文之中,笔者力图遵循虞昊和黄延复为叶企孙作传的方法——"不论写到哪一

---

① 《中共中央关于印发〈公民道德建设实施纲要〉的通知(2001—9—20)》,载教育部思想政治工作司《加强和改进大学生思想政治教育重要文献选编(1978—2008)》,中国人民大学出版社2008年版,第318页。
② 《中共中央关于印发〈公民道德建设实施纲要〉的通知(2001—9—20)》,载教育部思想政治工作司《加强和改进大学生思想政治教育重要文献选编(1978—2008)》,中国人民大学出版社2008年版,第317页。

部分，都以提供素材和线索为第一着眼点，目的是为他人研究叶先生做抛砖引玉或投标之路作用"的老实态度，"坦思想、说实话、不投俗、不避讳"，以免在没有足够理论功底的状况下，"空发议论或做过多的轻率的'描绘'，一不小心，就可能陷入轻浮主义的窠臼，其结果要么就是亵渎读者，要么就是淡化以至于扭曲"[1]本人。

> 知我者谓我心忧，不知我者谓我何求！悠悠苍天，此何人哉！
> 厚德载物，自强不息，为人民服务！
> 先天下之忧而忧，后天下之乐而乐！

分别摘取《诗经·王风·黍离》中以忧患意识为主题的名句和钱伟长提倡的上海大学校训。此种悲天悯人、忧国忧民的悠悠黍离之感，古已有之，先生承之，我辈更当继之，发扬之。

以此为本书结语。

---

[1] 虞昊，黄延复：《中国科技的基石——叶企孙和科学大师们（第二版）》，复旦大学出版社2008年版，第3—4页。

附 录

一、"追寻钱校长求学路 做自强不息上大人"

寻访团考察纪实系列

陈海青

上海大学社会科学学院2006级硕士研究生

背景:因为课题相关,也因为自己对校长钱伟长先生爱国主义思想的敬慕,在校团委组织"追寻钱校长求学路 做自强不息上大人"考察寻访团的时候,我就毫不犹豫地报名了,也因此,在历经层层选拔之后,我有幸成为17名考察团成员之一,有幸有了下面的经历,有幸到钱先生的故乡和母校寻觅那里的山水人文与他成长的点点滴滴——

(一)出征前的感想

上善若水 大爱无价 人须自强

前言:每个考察团的成员都有一个任务,那就是写一份感想——在参加座谈会和研讨会后,对我们尊敬的钱校长的感想——聆听了各位专家教授对钱校长的解读,并拜读了团队中各位同学的大作之后,我深深感动,感动于我们这个寻访团中,每一个人发自内心的对校长的热爱,感动于各位飞扬的文采,感动于大家亲如一家的团队感情……同时,也困惑了,无论是大处着手,还是小处着眼,散文、纪实、评论,大家都写得非常之好,我又该写点什么呢?都说创新才可贵,重复无意义。百般思量之下,觉得自己无非是比绝大多数的同学痴长了几年,那么,就让我结合自己的一点小小经历,给大家采撷一些花絮吧——

时光飞逝,正如白驹过隙。转眼间来到上大读研已将近两个学年了。美丽的上大校园又迎来了草长莺飞,玉兰怒放的季节。回顾进入"追寻钱校长求学路,争做自强不息上大人"学生考察寻访团的整个报名过程,我,很意外,意外自己——一个普通到不能再普通的学生,竟然能在数百名考察寻访团报名者中突围,能够入选这个优秀团队,能够有幸重走钱校长当年的求学路,寻觅大家的足迹,膜拜伟人的风采。

回想起两年求学中对钱校长和他的教育思想的不断感悟,心中的敬佩之情难以言表。

初识校长真风采

记得收到上海大学的录取通知书,知道自己即将成为上海大学的一名研究生的时候,我曾经上网查过上大的一些资料,对钱伟长校长的概念就是——一位德高望重的院士、科学家、前国家领导人,现在已经九十多高龄了,因为身体的原因,基本上是在家休息的。心里想,哦,原来是这样的啊,那么,估计对于我来说,"钱校长"只是一个很遥远的概念性名词。也许,在上海大学求学的日子里,我是不可能看到他老人家的啦……

2006年8月,一个仍然如炎夏般火热的初秋日子里,我带着行李跨进了阔别整整十年的大学校园,重新成为一名学子。每天,按部就班地上课,下课,学习,考试。日子就在既紧张又平淡的氛围中一天天流逝,我很满意这样的生活。因为这样的求学生活也是我多年来的梦想。

直到有一天,闲聊中,同学告诉我说,他有关于钱校长的片子,是中央台《大家》栏目的采访实录。"真的啊?!"大家都很高兴,纷纷说:"快传来看看啊!"于是,我们围拢在电脑前,看起了这部为时45分钟的纪录片。

波澜壮阔的片头语一开始就抓住了我们所有在场同学的注意力,寝室里一片鸦雀无声……

每个人的一生当中,都会面临着许多次的选择。绝大多数人在做这样选择的时候,都会以他自身的需求作为出发点。所以当我们听到,有的人说他一生当中,所有重大的选择都是为了这个国家的时候,我们也许会有一丝的不相信……

不错,很多时候,我们的确是不相信的,因为生活中得见太多的反面例子,太多的豪言壮语与不实举动。于是,主持人又告诉我们——

但是假如您坐下来,静静地听钱伟长讲他过去的故事,也许您会发现,正是因为他始终坚持了这样的选择,钱伟长才成就了他不平凡的一生。

随着镜头缓缓拉开,随着校长的讲述,我们不禁被深深感动了——

他说:"我自己不考虑,我到现在也不考虑。我在上海大学不拿工资,在上海也没有家,住在学校。"

他说:"我没有专业,国家的需要就是我的专业。"

他说:"我也没学科,我自己也不提,我是国家需要什么搞什么。"(五十年代搞规划的时候)"……这样一来,就跟他们吵啊,那边有四百多人,(我这边)只有两个人支持我,他们都是刚回来的,一个是钱三强,他是搞原子弹的,他本身就需要这个东西,一个是钱学森,他是搞航天的。他们两个人帮我们谈判,吵了一年多……(记者:当时您跟这四百多个科学家,在争论的时候,应该说压力也很大,因为他们也是各个学科领域的带头人。)我怕得罪他们,都是有权的。(记者:您怕得罪他们,为什么还这么坚持?)不过我觉得,我还是要说真话,国家应该怎么办,不能听这些话。"

他说:"(日本发动"九·一八"事变侵占了东北三省,而蒋介石却奉行不抵抗政策,一时间,全国青年学生纷纷举行游行示威,支持抗日。钱伟长当天从收音机里听到了这个震惊中外的消息,他决定弃文从理。)我听了以后就火了,年轻嘛。我说没飞机大炮,我们自己造嘛,所以我下决心,我说我不学这玩意儿,我要学飞机大炮。……"

他说:"(在清华物理系学习时)……我怕学不好,学不好就不行了。那就拼命,拼命学。……"

他说:"我(19)46年回来,我是想回家,培养更好的学生,我一个礼拜讲十几次,谁也没上这么多,一般教授一个礼拜上六堂课,我讲17堂课。我没有怨言。(19)48年钱学森从美国回来了,他回来是结婚来了。他回来看我,看我很可怜。那时工资是15万金圆券,只能买两个暖瓶,叫我怎么过日子?(记者:可是在回国之前,您在美国的收入已经很不错了?)很不错。那是8万美金一年。钱学森说这样吧,美国特区研究所,就是美国的GPL,还希望我回去。我当然不想回去,可是那时艰苦了。……(记者:所以当时您在这样的情况下,您就选择了说我还是回去吧。)于是要到美国大使馆去申请注册。好多问题,我都无所谓……最后一条,我填不下去了,讲中国和美国打仗的时候,您是忠于中国还是忠于美国?那我说,当然忠于中国了,我是中国人,我不能忠于美国人。我就填了一个NO,我绝不卖国。结果就因为这个,他不让我去了。(记者:填这个NO的同时,就意味着您跟美国人讲,我不去你美国了。您心里很清楚这一点。)是啊,我总不能忠于美国人,我是中国人。(记者:所以在签这个NO的时候,您毫不犹豫。)我毫不犹豫,我这一点是毫不犹豫。我是忠于我祖国的。"

他说:"我这个人是搞什么学什么,我有这个能力。(记者:您不担心做不成?)我不管,我什么都敢做。所以我学的东西多,我回国以后,就干过十几桩事情,我就是这样。(记者:而且专业有时候并不是一样?)不同专业,奇奇怪怪的专业,所以有人骂我说,钱伟长是万能科学家。(记者:那您怎么反应呢?)我不理,他爱骂我就骂吧。我还是坚持。我是这样的人,我觉得国家需要的,我都干。"

"我就填了一个NO,我绝不卖国。""我是忠于我祖国的。""我没有专业,国家的需要就是我的专业。"——朴实无华的语言,却是掷地有声的豪情!这是怎样的一位拥有强烈的爱国主义精神的坚强老人啊!

短短45分钟的片子当中,就反映出了那么多感人的故事。那么,在他历尽坎坷终成大家的将近一个世纪的奋斗历程中,又有着多少还没有被发掘,还不为人知的故事呢?

于是,我萌发了想深入了解我们校长的想法,了解就在我们身边的,这样一位有血有肉、有情有义、伟大而又务实的大家。

2007年9月,我开始跟随导师张丹华教授做钱伟长教育思想研究的相关课题。而机缘巧合,恰逢去年10月是钱校长的95华诞,于是——

"九五珍寿"贺华诞

9月份的时候,导师张丹华教授布置给我一个任务,让我搜集跟钱校长教育思想有关的各种资料。于是我通过钱伟长数据库以及上海大学图书馆查找资料。为了了解更多的跟钱校长有关的资料,我还专门去了上海市图书馆查阅新中国成立前后的相关资料。

随着资料的积累,一个越来越鲜活的爱国主义者出现在了我的面前。如果说,之前对钱校长仅仅是对他人品的敬仰和学业的佩服,那么,随着了解的逐步深入,他那种随时随地体现的以爱国主义为核心的教育思想越来越震撼着我的心灵。他,先天下之忧而忧,后天下之乐而乐,以国家发展为己任,足迹遍及祖国大江南北;他,铮铮铁骨,直言敢谏,谆谆教诲,爱生如子,耕耘杏坛六十载,育人子弟无计数;他,无私无我,历尽磨难,却终生自强不息,直到耄耋之年,仍然壮言"桑榆匪晚,奔驰不息"!

这是一位多么可钦可佩、令人折服的老人！而我，竟然在不经意的选择当中能拥有这样一位让所有上大学子都骄傲不已的校长，这难道不是一件让人激动的事情么？

在查阅资料的过程当中，我偶然发现钱校长的寿诞距离当时大约还有二十来天。我突然萌发了一个想法，是不是能用什么方式来表达一下一个普通学生对这样一位身经诸多磨难却仍然爱国育人壮心不已的世纪老人的敬意呢？

我想起了小时候妈妈曾经教过的一门小手艺——刺绣。不过做古老的传统刺绣时间已经不允许了。我想，那么，就用现代最流行的简单工艺"十字绣"替代好了。估算了一下时间，如果赶工，估计还来得及。

于是，我便着手准备了制作绣品的相关材料。在之后二十来天的课余时间里，每天除了吃饭和稍事休息之外，我利用了一切闲暇时间，尤其是国庆长假赶工。最后我连赶两个通宵之后，终于在10月9日——钱校长寿辰当天的凌晨5点，完成了这幅长近1米、宽0.6米的由95个不同寿字组成的"九五珍寿图"。

所谓"珍寿"，就是九十五岁的古称。古人对于超过八十岁的寿星都认为是高寿，所以为每一个年龄段取了雅称。其中，"珍"字的右边可分解为"十二"，左边则分解为"八三"，二者相加为"九五"，故而取"珍"字作为九十五岁高寿老者的尊称。

珍寿图完成后，我原本打算委托叶志明副校长代为转交的，我想如果打搅了钱校长的休息总是不好的。但叶校长带回来的消息却说，钱校长获悉这件事情后，很高兴地希望能当面接受这份心意。当时听到这个消息时，我是很意外的，没想到曾经担任过国家领导人职务而今又是将近百岁高龄在家休息的老人家还是这么平易近人。

当我怀着激动的心情将绣品送到钱校长手中，看到他老人家非常开心的样子时，许多日子以来赶工的辛苦与疲惫顿时化为云烟。记得当时钱校长一边跟我握手致意，一边连连说："很珍贵，有意义，谢谢！"还很高兴地告诉叶校长和校长助理徐旭教授说:"这个作品有价值,要公布!"他笑呵呵的开心模样我现在还是历历在目。我衷心希望我的愿望能够实现,那就是,希望这位一生自强不息、奋斗不止、受人尊敬的世纪老人能够每天都开心、快乐,希望老人家健康和长寿!相信,我们上海大学的每一位学子都和我有着同样的心愿和祝福!

教育思想意隽永

我们培养学生首先应该是一个全面的人,是一个爱国者,一个辩证唯物主义者,一个有文化艺术修养、道德品质高尚、心灵美好的人;其次,才是一个拥有学科、专业知识的人,一个未来的工程师、专门家。

这句每个上大学子都耳熟能详的话,既是钱校长的殷切期望,更是我们努力奋斗的方向。

钱校长认为,"爱国主义教育是一切教育工作的前提"。他把能否培养具有爱国主义精神的人才看作是我国高等教育成败的重要标志。他强调,"作为一个公民,最重要的是对我们的祖国有责任感"。"要理解一条:没有祖国就没有任何个人的出路"。"我们的民族若没有那么一批人敢于把国家的责任挑起来,用全部精力来为国家和民族工作,我们这个民族就会永远被人欺压"。"我们每个中国人应该自强不息。我们承认现在不如人家,可是我们不甘于永远这样承认下去,因此我们需要自强不息,就是在承认我们不如人家的基础上赶上去。人人如此,这个国家就强盛了"。因此,"高校培养的人才不但要有知识文化和科技能力,更要有爱国的精神,全心全意为人民服务的精神"。

这样的育人理念既是从大处着眼,更是从小处着手。这是钱校长一生的实践精华,无论是从他个人的奋斗历程来说,还是从他六十年的教育经历来说。

思绪不由飞回到了十年经历中的那些风风雨雨……

那是1997年,我刚参加工作的第二年,家乡遭受了百年不遇的风暴潮。超强台风挟着狂风暴雨和天文大潮排山倒海而来,潮位超过历史最高警戒线2米多。仅仅一个小时不到,我所在的地区因为濒临大海而成为汪洋。我和我的同事们投入了紧张的抗洪抢险战斗。为了保护人民群众的生命财产安全,我的一位同事牺牲在离我不到一百米的海塘坝上,留下了年迈的父母和弱妻幼子……

2003年的"非典之战"想必大家还是记忆犹新吧。还记得那年四月底,正是全国陷于"非典"威胁的最惨烈时期。我临危受命,和各单位抽调的精干力量奔赴抗"非典"战斗一线,奉命检查从外地返乡的疑似患者。而因为条件所限,我们工作人员的防护服数量极少,保护措施难以保证到位。对于我们来说,直接的威胁就是——随时,我们都有可能被疑似患者感染。因此当时每一位"战友"在离开家的时候,没有不是在亲人们的泪水中送行的。

十年的工作经历,两次生死关头的考验,使我深深明白了这样一个道理:每一个人既然来到这个世界上,那么注定要承担着一部分责任,去做一个能对国家、社会、家庭和自己承担责任的人。我们要做一件事的时候,只该问,这件事是不是应该去做,是不是值得去做;在做这件事的时候,是不是能让自己振奋,是不是能让别人快乐,是不是对社会有益,是不是对国家有益。

而在有幸进入上海大学读研后,我进一步从钱校长身上看到了,作为一个个体,如何以赤子之心来爱国报国;作为一个教育家,又是如何用自己的身体力行来教育学生。强烈的爱国主义让我深为敬佩,深邃的教育思想更让我怦然心动,因为我的理想就是未来成为一名教师。我产生了要进一步深入研究钱校长教育思想的想法,特别是他那种以爱国主义为核心的教育思想,极富有前瞻性和创见性,其深刻内涵及时代价值对当前的思想政治教育有着重要的借鉴意义。

生命没有永恒,它其实只是一段过程而已。未来的人生道路变数太多太多,我想,限于资质,我未必能成为一个出色的"工程师,专门家",但是希望自己,能像钱校长一样,以淡定的心态面对生活,面对未来,能持一颗真诚善良的心,尽一点绵薄之力,做一个纯朴踏实的人,塑一个心灵美好的自己,为和谐社会添上一丝色彩,即便是最微小的一丝,就够了。托马斯·布朗(Thomas Browne)说:"生命是一束纯净的火焰,我们依靠自己内心里看不见的太阳而生存。"冰心老人告诉我们:"爱在左,同情在右,走在生命的两旁,随时撒种,随时开花,将这一径长途点缀得香花弥漫,使穿杖拂叶的行人,踏着荆棘,不觉得痛苦,有泪可落,却不悲凉。"我愿我的心里,永远都燃烧着这样一束火焰,它的名字叫作"爱"!

我始终相信,在钱校长"大爱"的力量感召下,我们每一个上大学子都应该要做"有志气的中国人,对祖国的前途负有不可推卸的责任"的人。

(二) 苏锡之行觅少年踪迹

少小凌云志　赤忱爱国情

厚德载物,自强不息,为人民服务。

——钱伟长

"厚德载物,自强不息,为人民服务。"这一句凝结着钱校长一辈子的奋斗历程和精神结晶的话,是钱校长的自题词,是他对自己的要求,也是他对学生的期望,更是他磊落一生的真实写照。它,是如此的朴实,却又是如此的高远。

那么,谁能告诉我们,在这句看似平凡却又实际上极不平凡的句子背后,隐藏着多少令人感佩的故事呢?又是什么造就了这位让无数后生学子敬仰不已的学者?如何产生出那样的尽管历尽坎坷却始终奋斗不息,忠心报国,一生无悔的崇高思想呢?多方拜读了钱校长的教育理念,翻阅了诸多学者对他的研究文章,心中对这位爱国老人的敬佩之情越发浓厚。

我不禁涌出一个想法,俗话都说"三岁看老",那么,对于这样一位集大成者,他的青少年时代对他的一生有什么样的影响呢?

于是,满怀着几多的钦佩,几多的雀跃,在明媚的江南三月春光中,我随着钱校长求学路考察团踏上了寻访少年钱伟长的求知之路……

荡小养正气

荡口中心小学邹雪亮校长说:(当年的旧校址上)有个院子叫养正堂……"养正,养正",顾名思义,就是"养浩然正气"……"养正"那两个字还是老先生(指钱校长)题的。

荡小已有百年的历史,前身是晚清举人华鸿模先生于1905年创办的华氏果育国立两等学堂,之后曾先后用过"果育、鸿模、怀芬、荡小"等校名;而"养正",则是他们的百年校训。童年时的钱伟长曾于20世纪20年代在鸿模高等小学就学。

今日的荡小,已经没有多少钱伟长就学时的痕迹了。唯有一个属于文物级别的养正园,邹校长告诉我们:"这个园里的建筑可以说是原汁原味的。"园里还有学校原先的老校门以及校门外的大门。老校门平常一直关着,只有来重要客人的时候才开门,日常只开外面的大门。当年师生进了大门以后就要拐弯,从一条长长的巷子里通过,绕过养正堂进入学校。师生出入的长巷子俗话称为"牌弄"。而客人进来的时候,则先进养正堂,然后穿过两边的门进入学校。

在老人的记忆中,当年的鸿模高等小学是在"司署弄"里,那是清朝负责社会治安的巡检司衙门旧地。进校必须走一条狭窄的小弄,大约有一米来宽,两边是高墙,弄里常年不见阳光,地上长满了野草和青苔。学校里当时还有很多大树,比如合抱大小的大樟树,金秋时节香飘全镇的老桂花树,现在都已经不知所踪了。唯有蕴涵着"明德、睿智、养身、尚美"深刻内涵的百年"养正"校训还在默默见证着岁月。

钱校长接受启蒙的鸿模小学,有着正规的系统教育。严谨的学风和朴实的作风给童年的钱伟长打下了一定的基础,也为他以后的成长带来了潜移默化的影响。以至于在20世纪80年代后,即使身兼多职,公务繁忙,他仍然一次次回到母校,对小校友们促膝教诲,关怀鼓励。因为他心牵基础教育,因为他觉得,培养人才要从小抓起。他说:"果,就是你们——祖国的下一代;育,就是指老师培养你们。希望你们在老师的培养下茁壮成长。"他说:"读书没有什么窍门,只有认认真真,踏踏实实,才能把书读好,想当初,我们要想读书是非常困难的。你们现在条件好多了,一定要好好学习。"在第十二次踏进母校的时候,钱校长对孩子们深情地寄望:"你们是未来的希望。"

苏中明道义

当我看到苏州高级中学那如茵的草地上的几棵苍虬老树,当我看到苏中蜿蜒泮池上见证着悠悠岁月的三拱石桥,当我看到道山上的满目苍绿时,不知道为什么,脑海中浮现最多的却是六十年前的那一幕:

1928年,在淅淅沥沥的江南烟雨中,一个羸弱的少年,跟着满脸病容的父亲,带着寥寥的行李,踏进了苏州省立中学的大门。临别之时,父亲语重心长地告诫儿子:"家里不论怎么困难,也要供你上完高中,你在名师指点下把功课学好了,我的心血也算没有虚掷……古往今来,苏州、无锡一带出过不少文人名士。人说这里人杰地灵,这不过是欺人之谈。其实哪一个人的成功不是辛苦攻读的结果呢?"这些话,深深地铭刻在了那个少年的心头。他下定决心,不负父亲厚望,要好好读书。虽然在之前的入学考试做了"孙山",不过,他有信心,相信自己能迎头赶上。然而,就在他入学不到一个月的时间,抱病在身的父亲,因为一方面忧愤自己学校中的八名进步教师在"四·一二"中惨遭杀害,另一方面帮助自己的弟弟处理其妻儿后事,终因积劳过度,不幸辞世。极度悲痛的他想不到父亲的临别赠言竟成了诀别遗言!

他,那年15岁。他,就是少年钱伟长。

他,正是在苏中,得到了名师指点,立下了知识救国的宏志。在苏中的三年求学时光中,他似痴似狂地学习,从没涉足过如画园林的任何一个角落。即便是去过几次沧浪亭,却也是因为当时的苏州市立图书馆设在那里,且与苏州中学仅一墙之隔。君可知,北宋著名诗人苏轼曾如此感慨:"到苏州不游虎丘,乃憾事也!"而谁能想到,土生土长的钱伟长竟然是六十岁后重访苏州才第一次踏入这些名闻中外的胜地的呢!难怪钱老说,"苏州高中的三年是我难忘的三年"。因为那是他如饥似渴地汲取知识的胜地,这远远胜过名胜古迹的魅力啊!

在苏中寻访的时间里,钱伟长院士班的班主任王老师告诉我们,同学们之所以选择以钱老命名的班级,主要就是因为钱老有这样一段"弃文从理,报效祖国"的经历。它告诉同学们,文科生同样地可以志存高远,文科生同样地也可以为祖国的建设做出我们的贡献,钱老是全班奋斗的一个榜样。在钱老精神的鼓舞下,班级的学习成绩确实有了很大的提高,特别是在理科方面,直线形地上升。去年的期末考试全班的整体成绩是考了所有普通班的第一名,甚至超过了双语小班。应该说,钱老的自强不息的奋斗精神对钱伟长院士班的同学的激励非常大。

而院士班同学们对钱校长发自肺腑的敬爱之情,更是让我由衷地感动。当我请同学们说说"自己最想对钱院士说的话"时,他们那每一句深情的祝福里,都少不了"祝钱爷爷身体健康";每一个深切的期盼里,都少不了"您有机会的话,再回来看看我们吧,我们好想您";每一声坚定的誓言中,都少不了"学习您的自强不息精神,好好学习,报效祖国"……最后,千言万语汇成一句话:"钱老,祝您身体健康!我们永远爱您!"

少年钱伟长的身影,且行且远;奋发励志为天下,却是终身相伴。无论是之后的求学京渝,还是留学加美,他始终没有忘怀父辈师长的教诲,始终没有忘怀振兴祖国的豪言,以一颗赤子之心忘我报效,硕果累累,成绩斐然。

好一个"春蚕到死丝方尽,蜡炬成灰泪始干"!

钱校长,我们,为拥有您这样一位师长而骄傲!

二、悼念钱校长系列

陈海青

上海大学社会科学学院2009级博士研究生

惊闻噩耗，尊敬的爱国学者，我们的钱伟长校长因病于2010年7月30日6时20分在上海逝世，享年98岁。谨以拙文纪念校长。

（一）悼钱校长伟长先生

钱校长伟长先生驾鹤西去，享年九八。可谓功德圆满。忆其一生，虽惊涛骇浪，经历坎坷，仍爱国忧民，无私无悔。赤子之心，忘我报效，硕果累累，成绩斐然。

先生曾言："作为一个公民，最重要的是对我们的祖国有责任感。"

先生亦言："要理解一条：没有祖国就没有任何个人的出路。"

先生还言："我们的民族若没有那么一批人敢于把国家的责任挑起来，用全部精力来为国家和民族工作，我们这个民族就会永远被人欺压。""我们每个中国人应该自强不息。我们承认现在不如人家，可是我们不甘于永远这样承认下去，因此我们需要自强不息，就是在承认我们不如人家的基础上赶上去。人人如此，这个国家就强盛了。"

先天下之忧而忧，后天下之乐而乐，以国家发展为己任，足迹遍及祖国大江南北；铮铮铁骨，直言敢谏，谆谆教诲，爱生如子，耕耘杏坛六十载，育人子弟无计数；无私无我，历尽磨难，却终生自强不息，直到耄耋之年，仍然壮言"桑榆匪晚，奔驰不息"！

好一个"春蚕到死丝方尽,蜡炬成灰泪始干"!

后生末学,仰之弥高,崇敬之情,难以言表。且学震美先生悼周总理文,仿之学之,以寄哀思。

  七月卅日晨,哀乐惊天低。悲歌动九州,江山皆素衣。
  一步三回首,迟延难舍去。出门复自问,不信永别离!

  长街今日短,泪浸三十里。不觉天轮转,不觉汗透衣。
  万众同一心,凝神龙华立。一步肠千回,哀思远飞逸。

  威武不能屈,富贵不能淫。爱国又忧民,耿耿终如一。
  津渝京沪转,加美难留迹。丹心八十载,杏坛万子弟。

  长队无尽头,缓缓泪中移。骤闻哀音作,直欲破屋脊。
  睁我双泪眼,睁眼亦迷离。辍思猛抬头,扑面见国旗。

  如火亦如血,拳拳覆伟躯。躬劳鬓霜满,尽瘁面清癯。
  校长貌如生,仿佛觉呼吸。矍铄精神健,雍容有风仪。

  卅年为上大,至今才得逸。虽去心牵挂,眉间仍有虑。
  又如暂小歇,待醒重操笔:"爱国忧天下,小子可牢记?"

  音容萦耳目,追念愈清晰。生有要言托,殷殷告校长。
  泉台亦有夜,工作早休息。一语连万心,请尔牢为记!

  上大众学子,盟誓擎纸笔。校长音训在,终身得教益。
  先忧而后乐,自强又不息。为国有所效,竭血不复惜!

伟哉我校长,忧国崇教化。民族真英魂,高节今古稀。

长风焕文章,德功节操高。嘉言益后人,堂下万生祭!

(二)永远的神话

钱校长走了……

惊闻噩耗之下,霎时间心沉谷底,脑海一片空白……

真不敢相信,老人家他竟然走在九八寿日前的不多些天……

原本还期望老人家能够平平安安、开开心心地过九八高寿……

原本还期望老人家期颐大寿之际,能用自己的研究成果作为再次贺寿之礼……

然,一切美好愿望,都在今晨六时化为云烟……

唯愿:先生一路走好!先生一路好走!

整整一天,只是在不停地证实与被证实这个让人不愿置信的消息……

整整一夜,只是在一遍一遍播放珍藏的DV和照片……

回旋心中的,只有那如在昨日的往事……

如此鲜活,再现眼前……

犹记得三年前在副校长叶志明老师和校长助理徐旭老师带领下的那次登门拜访;

犹记得行动稍显不便却精神矍铄的您一步一步向我走来;

犹记得看到我的小小拙作而开怀大笑的您一遍一遍抚摸着绣品;

您说:"好,谢谢!"

您说:"这个很珍贵……"

您说:"这个很有价值,要公布"……

那天,是您的九五大寿,您的"珍寿",

我,我们,每一个上大学子,都真心愿您长寿,康健,直到永远……

摊开双手,您亲切握手的暖暖余温似留掌中;

翻开照片,您平易温和的音容笑貌犹在眼前;

让我怎么能够相信,如此和蔼可亲的长者,就这样走了……

尊敬的先生啊,

泮池岸边的那柳绿桃红,可是您当年为我们上大学子亲自指点的片片绿荫;

伟长湖里的那嬉水鸳鸯,可是您当年为我们上大学子亲手带回的珍禽后裔;

果园护溪里的荷叶田田,菡萏潋滟,还等着您的流连呢……

一年一度的菊花节又快到了,也等着您的观赏呢……

先生您,怎么就这样走了呢……

回首南门巨石上的校训,

您那振聋发聩的言语重现耳边……

您说:

  我们的民族若没有那么一批人敢于把国家的责任挑起来,用全部精力来为国家和民族工作,我们这个民族就会永远被人欺压。

您说:

  我没有专业的,祖国的需要就是我的专业。

因为,您认为——

没有祖国就没有任何个人的出路。

您说:

个人、家庭是私……但考虑大公更重要,要考虑整个民族和国家。如果学生不能很好理解这一条和做到这一条的话,那我们的教育是失败的。

因为,我们上海大学培养的学生,

首先应该是一个全面的人,是一个爱国者,一个辩证唯物主义者,一个有文化艺术修养、道德品质高尚、心灵美好的人;其次,才是一个拥有学科、专业知识的人,一个未来的工程师、专门家。

所以,
您不仅身先士卒,还在您最后一次出席的毕业生典礼上大声疾呼——

天下就是老百姓,百姓之忧、国家之忧、民族之忧,你们是否放在心上?

要"做有志气的中国人,对祖国的前途负有不可推卸的责任的人"

厚德载物,自强不息,为人民服务
先天下之忧而忧,后天下之乐而乐

您的谆谆教诲,

不能忘

不敢忘

不愿忘

必将——

永留我心

永留每一个上大学子之心……

钱先生,您——

走好!

钱校长,您——

好走!

愿天堂里的您

如意! 吉祥!

您——

是我们

永远的神话

(三) 钱校长,一路走好……

今日,蒙校团委和社区学院老师的厚爱,与"追寻"考察团的兄弟姐妹们一起,在社区会议室与人才学院的同学们分享了跟钱校长有关的故事,鲜活的往事又历历在目……

我始终不能忘怀那位有如邻家长者的慈祥老者,更不能忘怀一位爱国学者的高尚情操……

今日,又是钱校长您的"七七"……民间俗称"断七",在我的理解里,断七日,是送别往生的亲友的最后一程,过了今日,便出丧期了。往后,将在重大的节日里进行祭拜和悼念。

很想问一声,您,在那边可好……

听说,天堂里车来车往,您是否依然步履匆匆,只争朝夕……

他们说,如果天堂里还有上大,还想做您的学生……

我想,我也是……

远行的您,慈颜不再,殷语难觅……

然,上大的花间草木,流水亭台,无处不是您的慈爱与关怀,深情厚谊,每个上大学子,都会铭记在心。

为您骄傲,因为您无私无我的爱国情怀;为我骄傲,能拥有这么一位值得上大每一个学子自豪的校长……

您,将是我心中永远的神话,

您,将是我心中永恒的丰碑,

直至,

碧海青天。

后 记

回顾研究"钱伟长爱国主义教育思想"课题的时光,犹如历练了一次但丁《神曲》里的炼狱洗礼,灵魂得到了升华。尊敬的钱伟长校长那种随时随地体现的以爱国主义为核心的教育思想越来越震撼着我们的心灵。一种很想把老先生的崇高人品和深刻思想告知每一个人的强烈冲动让我们的研究脚步不断前行。其间,为了更好地完成课题的研究,笔者还参加了上海大学"追寻钱校长求学路 做自强不息上大人"寻访团,到访无锡、苏州、张家港三地,重走钱校长当年求学之路,实地感受钱校长成长成才振兴教育的不凡历程,收集大量一手材料以充实课题研究。

"文章千古事,得失寸心知",研究成果的撰写过程是一段艰苦的旅程。那种苦心孤诣、搜肠刮肚的感觉,至今依然刻骨铭心。恰如王国维提及的三个境界:"昨日西风凋碧树,独上高楼,望断天涯路","衣带渐宽终不悔,为伊消得人憔悴","众里寻他千百度,蓦然回首,那人却在灯火阑珊处"。无数个夜晚,与电脑为友,与星月为伴,冷月霜华,清泠微星,印象里的宝园,一片沉寂。迄今,无疑已告一段落,淡淡的轻松之余,我们仍意犹未尽,一种深深的遗憾之感漫上心头。或许这就是学术的永远未完成性吧。做学问本身就是人生的一种历练。当我们真正走过著文那段刻骨铭心的时光,收获依然是沉甸甸的。正如海明威所说:"坚持是人性中最可宝贵的品格"。

后 记

每当研究之余,最喜站在楼顶眺望,眺望我们的钱校长耗十数年心血为上海大学每一位教师和学生打造的学问之所。新翠苍绿,满目葱茏,万紫千红装点着诗意的宝园。泮溪之畔,清风拂柳。不经意间,可见树叶离开枝头,打着旋儿,散落在渲成绿色天鹅绒一般的草坪上。吹面不寒的杨柳风挟着清脆的钟声,掠过青春学子的衣边,遁入亭台馆舍,吹绿烟柳如织的沪上。缤纷如画的宝园中,变化的是花开花落的四季,不变的是那永远行色匆匆的学子。

卡西尔(Ernst Cassirer)说过:"思考着未来,生活在未来,这乃是人的本性的一个必要部分。"陆放翁云,"纸上得来终觉浅,绝知此事要躬行"。的确如此,要真正理解钱伟长爱国主义教育思想的深刻内涵,除了深入研究钱校长的理论,更重要的是必须亲身去躬行实践。作为上海大学的思想政治教育工作者,我们要做的事情还很多。如何把钱校长的爱国主义教育思想融入思想政治理论课教学,并推广至各个学科的教学中,真正把老先生的深刻思想发扬光大,无疑是我辈后人的重中之重任务。

课题研究过程中得到诸多领导和专家学者的悉心指教,并获得大量建设性意见。在此请允许我们致以最诚挚的谢意。感谢一切关注爱国主义、关注思想政治教育以及相关研究领域,并为此公开发表论文与著作的中外学者与专家们。学术研究离开了前人的工作将会一事无成。各位学者所提供的学术成就赋予了本书智慧的灵魂,令笔者获益颇多。本书写作过程中参考了诸多文献,各位的工作是我们完成这一研究的基础。除了在书中标注出处之外,在此还要衷心地向诸位学者表示真挚的谢意。尽管在撰写的过程中,我们已尽最大努力在行文、注释和参考文献中予以注明,但难免仍有遗漏,谨向有关著者表示敬意和歉意。

承蒙上海大学出版社的鼎力支持,本书才得以顺利出版。在此一并表示真诚的感谢。

此外还要感谢所有关心和帮助我们的老师、同事、朋友与亲人,你们的支持是我们得以不断前行的动力来源。

人总是在守望着自己的内心和想念。我们将永远守望学问生涯,守望治学道路上得到的这一切。在学术道路上,我们永远都只是蹒跚学步的孩童,即使迷茫仍睁大双眼,在实践中累积理论,以理论指导实践,不断向前。

　　路漫漫其修远兮,吾将上下而求索
　　自强不息,求实创新,为学之道,止于至善

张丹华　　陈海青
2023年8月
于上海大学宝山校区